名 人 地 理 丛 书

苏东坡

有话说

康桥 王坤 著

上海远东出版社

图书在版编目(CIP)数据

苏东坡有话说/康桥,王坤著.--上海:上海远
东出版社,2025.--(名人地理丛书).-- ISBN 978 - 7
- 5476 - 2083 - 0

Ⅰ.K825.6

中国国家版本馆 CIP 数据核字第 2025JH8335 号

责任编辑 冯裴培
封面设计 李 廉

名人地理丛书

苏东坡有话说

康 桥 王 坤 著

出　　版　**上海远东出版社**
　　　　　　(201101 上海市闵行区号景路 159 弄 C 座)
发　　行　上海人民出版社发行中心
印　　刷　浙江临安曙光印务有限公司
开　　本　890×1240 1/32
印　　张　10.5
插　　页　2
字　　数　185,000
版　　次　2025 年 6 月第 1 版
印　　次　2025 年 6 月第 1 次印刷
ISBN 978 - 7 - 5476 - 2083 - 0/K · 213
定　　价　36.00 元

名人地理丛书
编委会

康 桥	郭 秀	焦成名
马义顺	陶 飞	王 坤
武玉丽	杨卓琦	叶笑敏
于 晶	周 琨	

前　言

　　虽言"大江东去,浪淘尽,千古风流人物",但在中国文学史上,尤其是在中国词史上,有一位泰斗人物、风流人物,是永远不会被大浪淘尽的,是不得不提的——不仅现在要提,将来永远也要提。

　　他就是中国词坛第一人:苏轼。

　　苏轼(1037—1101),字子瞻,又字和仲,号东坡居士,眉州眉山(今属四川)人,北宋著名词人、诗人、散文家、书画家,豪放派词人最为杰出的代表。

　　他起起伏伏,

　　他笑傲人生,

　　他风流潇洒,

他百世流芳,

他,说不尽,道不完……

他,就是苏轼。

只要一提起苏轼,总会马上让人产生一种莫名的亲近感。

我们在这里讲述他的精彩故事、循迹他的传奇人生,就好像是讲述我们认识的任何一位可爱、可亲、可敬的老朋友。他就像是我们身边相识多年的旧友,亲切、平易、幽默、旷达、平平凡凡、简简单单……

他是那样的普通、寻常,而又那样的睿智、伟大。

高山仰止,景行行止……

文学艺术的伟大成就

苏轼的一生是坎坷的一生,也是伟大的一生。

2000 年,法国《世界报》在评选公元 1001 年至 2000 年世界杰出人物的活动中,共评出了十二名杰出人物,称为"千年英雄",苏轼是唯一一名入选的中国人!《人民日报》为此还专门发表了一篇《西方人眼中的苏东坡》的评论员文章,给予介绍。

苏轼之所以能获得如此崇高的历史地位,是因为他在中国文学史上的杰出成就,以及他皦然无滓的人格魅力。

苏轼一生留给我们两百多万字的著作,其中包括诗歌两千七百多首,词三百多首,还有一大批风格独特的散文、书画作品等。许多作品都达到了北宋乃至整个中国文学艺术的巅峰。

真正的炉火纯青,登峰造极!

诗词方面,由于他的词作具有开创性的功绩,被后人誉为豪放词派的开先河者;散文方面,被后人誉为"唐宋八大家"之一;书法方面,他的行书《寒食帖》被誉为"天下第三行书";他的绘画也独树一帜,擅长枯木、竹石,是中国绘画史上湖州墨竹派的一位重要成员。

这一切,使他成为中国历史上一位伟大的文学家、书法家和艺术家。

为官施政与人格魅力

苏轼在中国乃至世界拥有如此崇高的历史地位,不仅表现在文学艺术领域,也表现在他为官施政与人格魅力方面。

在四十多年的为官生涯中,苏轼无论身为朝廷重臣,还是做地方父母官,乃至贬谪蛮荒,仕途失意,都始终毫不动摇地坚持忠君、爱国、惠民的人生信念。

在杭州,他疏湖筑堤,创办慈善医院"安乐坊",使百姓有地方看病就医;在徐州,他抗洪抢险,力挽狂澜,并找到了煤炭,使百姓有了生活和炼铁的燃料;在登州,他仅仅做了五天的太守,却办了两件大实事——罢榷盐、固海防,至今仍为百姓称道;在惠州,他提出用竹管引水,解决了百姓的饮水问题,还设计并推广了秧马,减轻了农民的劳作之苦……

一桩桩,一件件,都是他伟大人格的体现!

总之,苏轼每到一地,不管是三年五年,还是三月五月,甚至三天五天,他都脚踏实地、尽心尽力,为百姓做了大量的好事、实事,令当地百姓永世难忘。

风雨人生路

苏轼一生大起大落、漂泊不定的政治生涯着实让人心疼。

宋仁宗嘉祐元年(1056),二十一岁的苏轼首次离开家乡,远赴京城,参加朝廷的科举考试。第二年,他参加了礼部的考试,以一篇《刑赏忠厚之至论》获得主考官欧阳修的赏识,高中进士。接着,由于母亲不幸病故,回乡治丧。

嘉祐六年(1061),苏轼参加制举考试,入第三等(一、二等是虚设),授大理评事、签书凤翔府节度判官,从此步入仕途。后因其父苏洵于京城汴京病逝,苏轼丁忧归里。宋神宗熙宁二年(1069)苏轼服满还朝,仍授本职。

苏轼几年不在京城,朝廷里已发生了翻天覆地的变化。宋神宗赵顼即位后,起用王安石为宰相,支持变法。苏轼的许多师友因与王安石意见不合,被迫离京。朝野旧友凋零,苏轼只得孤军奋战。

苏轼在返京的途中见到新法对老百姓的损害，认为新法不仅不能便民，反而带来种种弊端，便上书直言，反对变法，但其结果也是不容于朝廷。于是，苏轼自求外放，调任杭州通判。

苏轼在杭州待了三年。任满后，被调往密州、徐州、湖州等地任知州。这样持续了大概十年，苏轼遇到了生平第一祸事：乌台诗案。

当时有人故意曲解他的诗句，大做文章。神宗元丰二年（1079），苏轼到任湖州还不满三个月，就以作诗讽刺新法，"文字毁谤君相"的罪名，被捕下狱，史称"乌台诗案"。

苏轼受到惊吓，几乎自杀。坐牢一百三十天，在牢中又几度濒临被砍头的险境，幸亏朝臣们纷纷上书劝谏，以及亲友的多方营救，苏轼才算躲过一劫。

出狱以后，苏轼被降职为黄州团练副使（相当于现在的县武装部副部长）。这个职位相当低微，而此时的苏轼由于经历了"乌台诗案"，已变得心灰意冷，于公事之余便带领家人亲自开荒种田，以帮补生计。

"东坡居士"的别号，便是他在这时为自己取的。

这个别号将响彻中国历史近千年的隧道！

历史的往事早已烟消云散，但这个名字却被刻画成为永恒……

神宗元丰七年(1084),苏轼离开黄州,奉诏赶赴汝州就任。由于旅途劳顿,苏轼的幼子竟然不幸夭折。长途跋涉,路费已尽,再加上丧子之痛,苏轼便上书朝廷,请求暂时不去汝州,先到常州居住,幸被批准。当他准备南返常州时,神宗驾崩。

接替神宗即位的是宋哲宗赵煦,高太后听政,新党势力倒台,旧党领袖司马光被重新启用为相。苏轼在这一年(1085)被召还朝,任礼部郎中(从六品)。在朝仅半月,就迁为起居舍人(从六品),不出三个月,再升为中书舍人(四品),不久又升为翰林学士(正三品)。

升迁不可谓不快,然而命运注定了要我们可爱的东坡居士起起伏伏,风雨一生。

俗语说得好:"京官不好当",尤其是在那个政局瞬息万变的年代。

当苏轼看到旧党势力拼命压制王安石集团的人物,并尽废新法后,认为他们与所谓的"王党"不过是一丘之貉,再次向皇帝进谏。

于是,苏轼至此既不能容于新党,又不能见谅于旧党,进退维谷,因而再度自求外调。

他以龙图阁学士的身份,再次到阔别了十五年的杭州。

这一次到杭州,苏轼进行了一项重大的水利建设——疏浚西湖,并用挖出的淤泥筑了一道堤坝,也就是后来著名的"苏堤"。

苏轼使西湖更加美丽迷人，你一定还会记得他那首著名的《饮湖上初晴后雨》：

水光潋滟晴方好，山色空蒙雨亦奇。

欲把西湖比西子，淡妆浓抹总相宜。

苏轼在杭州过得很惬意，自比唐代的白居易。

宋哲宗元祐六年（1091），他又被召回朝。但不久又因政见不合，自请外调颍州（今安徽阜阳）。

元祐八年（1093），新党再度执政。绍圣元年（1094），他以"讥刺先朝"的罪名，贬为惠州安置，再贬为儋州（今海南省儋县）别驾、昌化军安置。

从此，海南岛迎来了它最值得骄傲与夸耀的文化名人：一代文豪苏东坡。

徽宗赵佶即位后，调廉州安置、舒州团练副使、永州安置。

元符三年（1100）大赦，复任朝奉郎，终于又看到曙光了，但不幸也随之发生了：苏轼在北归的途中，因病卒于常州，享年六十六岁。

一代巨星就此陨落……

唯有无尽的光辉，依然闪耀在历史的天空！

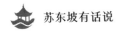
永恒的风范

政治上的漂泊、失意并没有使他孤独,因为,三个美丽而有才华的女人陪伴着苏轼的一生:王弗,王闰之,王朝云。

她们的名字将会因苏轼而永远流传后世,而东坡居士也因这三位妻子更显得浪漫、风流、洒脱、让人艳羡。

她们与苏轼之间的故事是那样凄美感人,我们会引领大家细细品读、慢慢体味。

我们欣赏一个人,往往觉得他就是我们的行为范本,他就是我们的一种理想境界,苏轼恰恰就是这样的。

我们不会真的也像他那样"何妨吟啸且徐行",我们也不会真的像他一样的"夜饮东坡醒复醉""倚杖听江声",但是,我们看到的苏轼,他替我们完成了这个不能够自己去实现的愿望、梦想。

我们常常想,真正的豁达之人,就应该这样,就应该明白什么叫作宠辱不惊、去留无意,并且真正去做到。

也许苏轼自他诞生之日起,就注定要创造一种新的风范,来让人们铭记。我们看到苏轼的词,就仿佛看到了他本人的清朗神貌,苏词不仅仅是词,不仅仅是简简单单的作品,而且是充盈着人生智慧、灵气与哲思的丰润的活的思想!

体味苏轼、理解苏轼、品读苏轼,他的词、他的事、他的人——无论什么时候,沉浸其中,都是一种难得的享受和乐事。

目　录

第一章

温馨的大家庭

被历史铭记的一天

穿越时空,倒溯千年,来到经济文化高度繁荣的北宋王朝,此时正是仁宗皇帝赵祯在位的景祐三年(1036),这是历史上一个平凡而又伟大的年份。

为什么说这是一个伟大的年份,答案马上就会揭晓。

在这一年的旧历十二月十九日(1037年1月8日),在四川眉山城的一个家庭,随着一声婴儿的啼哭,一位独特的人物、一位穿越时空的伟大人物诞生了!

想必你已经知道,这个新诞生的婴儿就是我苏轼。

日后大名鼎鼎的苏学士、东坡居士,估计大家对我多少有所耳闻。当然,也有例外的,《儒林外史》中的几个自以为是的儒生就没听过我东坡居士的大名,那实在是当时教育的悲哀。

现在,谁要是没听说过我的大名的话,那还好意思说自己是中国人?

这注定是要被历史铭记的一天。

在我来到这个世界之前，有一个哥哥比我提前到来，不过他的命不好，幼年夭折，人生刚要起步，就归于寂灭。想必当时我的父母一定痛心不已。日后，我得知此事，也觉得万分遗憾，万分凄然。

初生的我成了家里的长子，这就注定了我是这个家族继往开来的担当者。

我能完成这个艰巨的使命吗？

我的出生日期算起来属于摩羯座，据说摩羯座的人往往命运坎坷（也不知有没有科学依据），或许是天妒英才，不想让我这个大文豪一生顺遂吧！

还能说什么呢？来到这个人世或许就是最大的幸运吧！

我的人生翻开了第一页，没想到历史也翻开了新的一页……

精彩，马上就会从这个日子开始。

我的爷爷：怪老头苏序

伟人嘛，照例要交代一下家世，我也随俗一回吧。

太远的就不说了，还是从我的爷爷开始说起吧。

我爷爷叫苏序，字仲先，顺便说一点，爷爷苏序这个名字可害苦我了，为了避讳，我这辈子给人写序都称为"引"了，否则可是大逆不道哇！

我出生时他已是六十四岁的高龄。如果放到现在，这样说好像显得有点滑稽，但是，在那个年代，人们的平均寿命比现在可短得多，六十四岁确实可以算高龄了。

不过，再老的人也曾年轻过。

我爷爷年轻时高大英俊、身体健壮。我与父亲苏洵、弟弟苏辙长得大约也说得过去，不至于有碍观瞻，这大概就是传说中的遗传吧！

我的爷爷虽然很帅，但是很怪。他是一个出了名的怪老头。

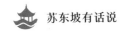

怪的表现,且听我一一道来。

他喜欢喝酒,并且酒量很大,一天到晚与酒为友,酒瘾很大,就像后来的令狐冲——当然他不是什么武林高手,也不会什么独孤九剑或吸星大法,更没有像"君子剑"岳不群那样无耻的师父。

他喜欢奇装异服,打扮那是相当的新潮,可见他还是比较追求时髦的人。爱美之心,人皆有之,无可厚非。

他年纪大了后写诗很快,据说写过几千首,可惜没有一首流传下来,这笔宝贵的文化遗产就这样湮没了,实在可惜。

他虽不会武,却爱打抱不平,哪里不平哪里就有他。

老人家广有良田,遇上丰年他就会以米换谷,这种傻事一般人不会干的,直接后果是自家谷仓存了三四千石谷子。于是,家里用人便派上用场了,大部分时间大家都在谷仓抓老鼠,人鼠大战,这就成了他们的工作,也勉强算得上是"寓工于乐"。

由于老鼠太多,以致用人需求一度紧张,在一定程度上解决了当地部分劳动力闲置的社会问题。

后来我想,爷爷怎么就没想到养一群猫呢?既不用发工资,又好养活,何况猫并不是什么濒临灭绝的稀有动物。

怪就是怪,难以想通。

爷爷此举看似愚蠢而又高深莫测,为常人所不能理解。直到有一年天灾横行,大部分家庭颗粒无收,人们才明白老人家的先见之明。

这次可要发了！

别人也以为爷爷可以趁机大捞一笔，发个民难财，可谁知老爷子大笔一挥，写了一张告示贴在自家门口，一下子引来眉山城几乎百分之九十的灾民！

其他没有赶过来的估计是家离得太远了，不知道这个事情。由此可见，信息是多么重要！怨不得今天到处都提倡建设信息社会，还真是大有好处。

这些灾民聚在我家门口欢呼雀跃，那场面——嗬！简直是人山人海。

你问怎么回事？那歪歪扭扭的告示虽然写得洋洋洒洒，但主旨有且只有一个：

开仓散粮，救济灾民！——并且是分文不取，完全免费！

你说人们能不蜂拥而至吗？是你你不去？

这场个人赈灾活动就这样轰轰烈烈地展开了……

事后虽然没有赚到一文钱，但是爷爷却赢得了乡亲们的一致好评。

俗话说得好："金杯银杯，不如老百姓的口碑！"此举也为我父亲以及我们兄弟树立了学习的榜样。什么是光辉典范？摆在眼前的就是！

这就是我的爷爷苏序。

当然，他虽古怪，却很疼爱我。

浪子回头金不换：我的父亲苏洵

我爷爷的大名你没听说过，还情有可原，但是，你如果连我父亲的大名也没听说过的话，那你实在可以算是孤陋寡闻了。

我的父亲，就是大名鼎鼎的苏洵。

后来我有幸和父亲以及我的弟弟苏辙苏子由并称为"三苏"，更有幸和多位前辈、同侪并列为"唐宋八大家"。

这是属于我们家族的荣耀。

我的父亲苏洵，字明允。

他是一个并不热心科举却十分爱好旅游的人。因为家境尚可，为他提供了良好的条件。

没钱却想旅游，在当下这个年代是奢望，在我们这个遥远的北宋王朝也一样。

后来他找到了自己一生的伴侣，也就是我的母亲程氏。

婚后,我的父亲还是那样热衷于他的旅游事业,天南地北地闯荡,为旅游业添砖加瓦。因此我的母亲很是不高兴,但也拿他没办法,人不在身边,在没有手机与网络的年头,想批评教育都找不到对象在哪儿。

而聪明的孩子也常常拿我父亲苏洵的事迹,来反驳让他们从小发愤读书的家长:孩童之时不一定非要专心学习嘛,看人家苏洵,天天在外旅游,不照样名垂青史?

哎!一不小心,树立了一个"坏典型"。可这是我父亲的错吗?大家都知道,内因才是起决定作用的,我就不再深入解析了。

对于父亲的不好好学习、天天向上,我爷爷也不说什么,并没有拿出家法来伺候。

有人问我爷爷:"为什么您儿子不用心读书,而您也不去管教呢?"

爷爷对那人笑了笑,平静地回答:"这个我不用发愁。"

知子莫若父哇!

人,总会变的。

通过我父亲的事迹,我终于相信了这句话是真理。

二十七岁时,我的父亲变了。

他忽然放弃了自己热衷的旅游事业,开始埋头苦读。三更灯火五更鸡,头悬梁、锥刺股,少年辛苦终身事,花开堪折直须折……什么都来了。

之后我曾私下问过父亲转变的原因,他付诸一笑,如果想问我其中的原因,我也只能抱歉地告诉你:你要失望了。

我始终也没有参悟他那一笑的玄机。

但父亲变了是千真万确的。苦读六年,比后来的元末文坛领袖杨维桢还牛(杨在铁崖山读书只有五年)。

读书归读书,但他不写文章,一个字也不写。当今的一些学者,可得好好向我父亲学习学习这种风格。

这是有原因的,我父亲的文章据说开始时不被认可,所以父亲暗下决心,不读透经史子集,绝不下笔为文!

兵在精不在多,写文章也是一样的道理,父亲要的就是一鸣惊人的效果,而不是多多益善。

接下来的六年,对我父亲而言是苦读的六年、充实的六年。

当然,我在这期间诞生了,大致在我父亲读了两三年书之后。于是,书成了我童年最熟悉不过的玩具,书籍的气氛也伴随了我一生。

顺便提一句,在北宋,我的家乡眉山与建安(今福建建甄)、成都,并称全国三大印刷出版中心。

眉山位于四川盆地成都平原的西南边缘,岷江中游和青衣江下游,是四川盆地西南部政治、经济、文化的中心,人文旅游资源丰富,有长寿文化、道教文化、佛教文化、竹文化、水文化等。当然,还少不了鼎鼎大名的东坡文化。眉山人杰地灵,名人辈出,有西晋文学家李密,我们苏氏三父子,南宋名臣虞允文,后来还有长安画派创始人,被誉为"画坛怪杰"的石鲁,等等。

我很有幸生于这样一个人杰地灵、学风浓郁的地方。熏陶的作用是强大的。

苦读了六年诗书,父亲跃跃欲试,离开家乡进京考试。本想一举成名,光宗耀祖,可惜老天不遂人愿。我父亲满怀希望而去,却应试不第,铩羽而归。落榜后的父亲肯定十分痛苦。

从此以后,父亲再也不参加科举考试了。

一朝被蛇咬,十年怕井绳。

科举之蛇把父亲咬怕了。

后来,父亲经韩琦免试推荐,出任秘书省校书郎、文安县主簿,都是低级别的小官。

免试推荐、破格录取也可以选拔人才,选拔到真正的人才、优秀的人才。幸好有这一制度,多少安慰了父亲失落的心灵。

"高考"失利之后照例是出游。父亲先到了有"天府之国"美誉的成都,在那里他结识了益州太守张方平;又来到京师,在那里结识了一大帮人,个个还都是名人,我列一下名字你就知道了：欧阳修、曾巩、司马光、王安石、张先、梅尧臣……

这些人在当时那可都是大腕儿，尤其是文坛老前辈、后来成为我的主考官的欧阳修。

可以说，父亲的出游和勤奋，对我有意义深远的影响。

我爷爷对我父亲并没有严格要求，可我父亲对我们兄弟俩的管教却十分用心。从他给我们起的名字就可见一斑。

他老人家曾专门写了《名二子说》一文，解释我和弟弟名字的由来，并告诫我们做人的道理：

> 轮、辐、盖、轸，皆有职乎车；而轼独若无所为者。虽然，去轼吾未见其为完车也。轼乎，吾惧汝之不外饰也。
>
> 天下之车莫不由辙，而言车之功者，辙不与焉。虽然，车仆马毙，而患亦不及辙。是辙者，善处乎祸福之间也。辙乎，吾知免矣。

这里的"辐"指的是车轮中连接轴心与轮圈的直木条，如果你不清楚，今天的自行车车轮上也有这个零件，叫辐条，你可以去看看。

"盖"指的是遮风挡雨的车盖,有个成语叫"倾盖之交",意思是两个陌生人乘车在路上相遇,停车而语,车盖接近,这样就成了铁哥们儿,表示一见如故,非常亲切。我们古人还言"白头如新,倾盖如故",指有些人做了一辈子的朋友,大家头发都白了,却还像刚刚相识一样,彼此并不了解,感情并不深刻,而有些人只在路上相见一面,停下车来,揭开车盖交谈,却似多年的老朋友一般。

"轸"指的是古代车厢底部四周的横木,所以东汉著名文字学家许慎在其大作《说文解字》中说:"轸,车后横木也。"

"轼"指的是车厢前面用作扶手的横木。古代的道路可不是今天这样平整的柏油马路,常常坑坑洼洼的,所以车子颠簸时,这个"轼"就可以供人抓扶了。

"辙"则指车轮碾过的痕迹,也借指道路,所以有个成语叫"南辕北辙",你一定听说过。

父亲在这篇短文中说:车轮、车辐、车盖、车轸,对于一辆车子而言,都有其各自具体明确的用途,只有供人抓扶的车轼,看起来好像并没什么实际的用处,但是如果把车轼去掉的话,也就不再是完整的车了。

我明白他老人家的良苦用心,他之所以用"轼"为我命名,就是想告诫我:才华横溢、锋芒毕露并不是一件好事,不懂得明哲保身这一道理的话,就会树大招风,引来祸患。他

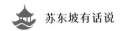

老人家是希望我在今后不要锋芒毕露，要善于掩饰自己，这样才能保全自我。

三国时期魏人李康在《运命论》中曾言："木秀于林，风必摧之；堆出于岸，流必湍之；行高于人，众必非之。"

我父亲告诉我的道理和这几句话是完全一样的。

可最终我还是辜负了父亲的期望，依然我行我素，不屈不挠，结果被小人屡屡陷害。天性使然，夫复何言！

文章后面还说：天下所有的车都有其道路，而说到车的功劳时，从来不提车辙。虽然这样，但出了交通事故、车毁人亡时，灾祸的责任也不会涉及车辙，所以车辙很妥当地处在祸福之间。我知道，子由将来一定能够避免祸患。

我为子由高兴，他是幸运的，他个性平和，比我这个哥哥稳重得多，所以他一生虽然也经历了很多风波，但最终以七十多岁的高龄平安度过晚年。

不过，在大家心里，子由似乎就少了许多豪放豁达、潇洒不羁的魅力。他是郭靖型，而我是令狐冲型。

姜还是老的辣，老大就是老大！

起名字可是个大学问，关系一生，马虎不得！

屈原老前辈在其千古名篇《离骚》中就曾解释了他名字的由来：

帝高阳之苗裔兮,朕皇考曰伯庸。摄提贞于孟陬兮,惟庚寅吾以降。皇览揆余初度兮,肇锡余以嘉名。名余曰正则兮,字余曰灵均。

　　"正"是指正直、正派,"则"是指恪守做人的原则,"灵"是指聪颖、智慧,"均"是指公平、公正。可谓无一字无来历。古人慎重至此,我老爸又岂敢马虎大意!

　　父亲的言传身教,对我们兄弟二人起了不可估量的作用。在这里我要郑重地感谢我的父亲:您辛苦了!

　　关于我的父亲就先说这些吧,后面还有很多人在排队等候和大家见面。

　　时间就是这样紧迫、宝贵。

慈母良师

说完父亲,接下来我要说一说我伟大的母亲。

我的母亲也是眉山人,出身官宦之家,标准的名门闺秀,琴棋书画样样精通,基本算是个才女,她的个性仁慈而果断。

她对只在外旅游而不务正业的老爸鞭长莫及,无法实施批评教育,只能坐在家里干生气。

不过,我们兄弟俩就惨了。

她把所有的希望都寄托在我们兄弟二人的身上。今天鼓励,明天鞭策,后天教育。老爸二十七岁开始读书都不迟嘛,何况我们还年轻。我们想得到年轻的权利,可这些其他孩子能够轻易享受到的权利,在母亲这儿全被剥夺了。后来我才知道了她的良苦用心。

不过,话说回来,读书我们兄弟俩是不怕的。因为我们是读书的天才,天生的读书种子,好像我们就是为书而生。

幼年时的刻苦读书,使我和弟弟受益匪浅。

记得大约在我十岁时,母亲教我读《后汉书》,这时发生了一件让我终生难忘的事。

尽管过去很久了,但母亲的谆谆教诲仍如在耳边。余音绕耳,让我思念到如今,可见我对此事印象的深刻。

母亲去世后,弟弟子由感怀母亲的伟大,为母亲写了长篇碑文,其中也记载了这件事。

是什么事情如此打动我、让我感动至今呢? 让我讲给你听吧。

东汉后期,朝廷中黑暗腐败,大权落入了阉党之手。当时有正义感的儒士书生纷纷起来反抗这些不阴不阳的阉人的统治,甚至不惜冒生命的危险上书弹劾奸党。因此太监豢养的走狗卫兵们就开始到处乱咬人了。很多正义之士被抓捕,或遭皮肉之苦,或遭迫害折磨,或遭谋杀丧命。

在这群正人君子中,有一个勇敢无畏的青年,名叫范滂。

范滂是东汉的大臣、名士,他疾恶如仇、忧国忧民,查办贪官污吏,铁面无私,有澄清天下之志,结果遭到奸臣的陷害。汉灵帝建宁二年(169),当时的督邮吴导奉诏缉拿范滂,汝南县令郭揖要和范滂一起逃亡,范滂拒绝道:"我死了,祸患就解决了,怎么敢连累你,又让我的母亲因此遭罪呢?"之后和老母诀别说:"今后只有靠弟弟尽孝心了,我就要跟随父亲到九泉之下了。生者和死者,都各得其所。只求您舍弃难以割断的恩情,不要增加悲伤。"

范滂的母亲深明大义,对他说:"你今天能够与当今名士齐名,即便是死,又有什么好怨恨!既然已经得到美名,又要享受长寿富贵,二者怎么能兼得呢?我支持你为了理想而舍弃生命!"

这就是范滂别母的故事,感人至深,让我终生难忘!

母亲的故事讲完了,我心潮澎湃,抑制不住内心的激动,说出了自己的心声:"母亲,倘若我长大之后也要做一个像范滂这样的义士,您会同意吗?"

母亲望着稚嫩的、一脸天真而又一脸严肃的我,很淡定地说道:"你如果能做范滂,我难道就不能做范滂的母亲吗?"

我听后,无语,但这时已有一个信念、一种力量,深深地植于我幼小的心灵,它注定了要萌发生长,成就我一生的品格!

这才是真正意义的人格教育!

感谢母亲,感谢天下所有平凡而伟大的母亲!

母亲不仅深明大义,还非常仁慈善良。

小时候,我家的院子里种了很多花草树木,那是相当重视环境保护的,以致招来许多鸟雀在这里栖息、安家。

我那时候还小,属于比较调皮的孩子,看到这么多小鸟来家里,当然高兴啦! 不免还抱有一些其他想法,和小伙伴们对着树上的鸟儿指指点点的。

可母亲仿佛有先见之明,担心我们太调皮,会上树掏鸟窝,就下令严禁抓鸟。一旦发现抓鸟的行为,她说会严惩不贷的! 我们不得不放弃心中萌动的预谋。小朋友自由自在地上树掏鸟窝,那该是多自在、多开心的一件事啊!

没有人敢来打扰,在这里安家筑巢的鸟儿就越来越多,有些胆大的鸟儿甚至把窝筑在了很低很低的树杈上。我们这些小淘气们常常围在鸟窝边,逗弄刚刚出壳的可爱的小鸟,给它们喂食,可从来没有伤害过它们。

后来我曾写过一首《异鹊》的诗来回忆童年这段有趣的场景及母亲的仁慈:

> 昔我先君子,仁孝行于家。
> 家有五亩园,么凤集桐花。
> 是时乌与鹊,巢殼可俯挐。
> 忆我与诸儿,饲食观群呀。
> ……

母恩难述! 永远怀念我的母亲。

介绍完我的母亲,接下来该我的弟弟出场了。

他是我一生的知己。

一生的知己：弟弟苏辙

　　我弟弟名叫苏辙，字子由，人称"小苏"。他与父亲及我并称"三苏"，也是"唐宋八大家"中的人物，这是属于我们的荣耀。

　　他生于宋仁宗宝元二年(1039)二月二十日，比我晚来到这个人世三年，年龄差距小，使得我们兄弟俩之间没有隔阂。

　　子由与我一起长大，一起读书，兄弟感情非常铁。

　　哦，那逝去的童年……

　　宋仁宗嘉祐二年(1057)，他与我一起考中进士，双双中第。嘉祐六年(1061)，又与我同中制举。当时父亲奉命在京修礼书，弟弟因"奏乞养亲"，暂时没有赴任官职，此后曾任大名府推官。

　　熙宁二年(1069)，子由出任河南府留守推官。

熙宁三年(1070),子由上书神宗皇帝赵顼,力陈法不可变,又致书王安石,激烈指责新法,与我站在同一条战线上。

打虎亲兄弟,上阵父子兵!

而我们是"中第亲兄弟,上阵兄弟兵"。

呵呵,痛快!

元丰二年(1079),我因作诗"谤讪朝廷",被捕入狱,也就是著名的"乌台诗案",后面我会详细讲述这段故事的。他上书请求以自己的官职为我赎罪,可不仅没有被上级批准,还遭牵连被贬,监筠州盐酒税,五年不得升调。

元丰八年(1085),旧党再次当政,他被召回,出任秘书省校书郎、右司谏,后来又升官做了起居郎、中书舍人、户部侍郎。

哲宗元祐四年(1089),暂任吏部尚书,出使辽国,还朝后任御史中丞。元祐六年(1091),拜尚书右丞,不久升为门下侍郎,执掌朝政。

元祐八年(1093),哲宗皇帝赵煦亲政,新法派重新得势。绍圣元年(1094),他上书反对时政,结果又被贬官,外放做了汝州、袁州的知州,后又贬到化州、雷州、循州等地。

徽宗崇宁三年(1104),子由在颍川定居,过上了田园隐逸的生活,筑室曰"遗老斋",因此自号"颍滨遗老",以读书著述、默坐参禅为乐事,比我幸福多了! 当然,这也是他的

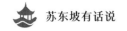

个性使然。

子由晚于我离开人世，曾为我写过一篇著名的《亡兄子瞻端明墓志铭》，文章很长，很经典，其中有夸赞我的话语："公亦奋厉，有当世志……公之于文，得之于天。"更有怀念我的话语，并表示了深深的哀悼："我初从公，赖以有知。抚我则兄，诲我则师。皆迁于南，而不同归。天实为之，莫知我哀。"

读到这些情真意挚的话语，除了感动，还是感动。

子由于政和二年(1112)辞别人世，后被追为端明殿学士，谥文定。

人生得一知己足矣，斯世当以同怀视之！

而子由根本就是我的"同怀"，我一生最为难得的知己！

精灵古怪、才华横溢的苏小妹

　　我的家人基本介绍完了，有一个人却让我为难。

　　后人相传我还有一个精灵古怪、才华横溢的妹妹——苏小妹，就像金庸大侠《射雕英雄传》里的蓉儿姑娘一样刁钻可爱。她们的不同之处大约主要是在"术业有专攻"方面吧！一文一武，很明显。

　　可是据严格的历史文献考证，我却没有这么个妹妹。

　　难道是父亲的私生女？

　　母亲的管理是很严的，不可能让父亲犯这样高级的错误。何况，父亲也不是那样的人哪，知父莫若子嘛！

　　哎！原来是历史逸事，不可考证。

　　但是，大家传来传去，我就好像真有这么一个妹妹似的，大家也都相信小妹的真实存在。美好，我们都会向往，都会珍惜，不是吗？

　　故事里的事，说是就是，不是也是；故事里的事，说不是就不是，是也不是……

　　两个儿子不稀罕，女儿才是最独特、最宝贵的。家里的父兄都是有名的大才子，朝谈夕讲的无非经史子集，那小妹目见耳闻的也尽是诗词歌赋。

　　常言道：近朱者赤，近墨者黑。近了才子，那多少也能受些感染熏陶。

　　况且小妹冰雪聪明，资质过人。

　　这就有故事了。

　　小妹十岁时，随我们居于京城的寓所中，这里有一树绣球花，那时恰好是大好的春天时光，这一树绣球花就全盛开了，娇艳无比。

　　父亲赏玩了一回，诗兴大发，忙取来纸笔，回房开始题诗。刚刚写好四句，有人来报："有客到！"于是父亲放下笔，出去迎接客人。

　　小妹闲步来到父亲的书房之内，看见桌上有四句诗：

　　　　天巧玲珑玉一丘，迎眸烂熳总清幽。
　　　　白云疑向枝间出，明月应从此处留。

　　小妹一看，就知道是为咏绣球花所作，遂不假思索，续

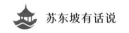

成后四句,云:

> 瓣瓣拆开蝴蝶翅,团团围就水晶球。
> 假饶借得香风送,何羡梅花在陇头。

她写完就放在桌上,回到了自己的房间。

父亲送客出门,回到书房,想续完前韵,只见整首诗早就完成了,非常纳闷。细读之后,词意俱美,再仔细辨认一下笔迹,看出是女儿小妹所作。到小妹那里一问,果不其然。

父亲于是感叹道:"可惜是个女子啊! 若是个男儿,可不又是制举中一个有名人物!"

从此他愈加疼爱小妹,任凭她博览群书,不再让她学什么女红。

由此可见小妹横溢的才华,实在可以和我们父兄三人一较短长。

在小妹身上还发生了许多许多有趣的故事,这些故事就像一串风铃,不时在我的记忆中摇响。

传说中我的妹妹长得很靓,就像宋玉笔下的"东家之子","增之一分则太长,减之一分则太短;著粉则太白,施朱则太赤;眉如翠羽,肌如白雪,腰如束素,齿如含贝"。她薄薄的丹唇、圆圆的脸蛋、乌溜溜的大眼睛,再配上高高的额头(这好像是她为数不多的缺点),一看就是一副慧黠的样子。人品那是没得说,谁见谁爱。

她从小就和我们兄弟二人一样,习读诗歌,精通文理,是个才华横溢的小姑娘。她一直爱与我们两个哥哥比才斗口,一派天真,这慢慢就养成了习惯,大了之后也就没法改变了。

大家都知道我苏轼满腮胡须,肚凸身肥,穿着宽袍大袖的衣服,从来不修边幅、不拘小节,更是她斗口的对象,于是整天在家与我口战不休,让我疲于应对。

每次我看到小妹的额头和眼睛时就想笑,直到有一天,我实在忍不住了,就笑她:

> 未出庭前三五步,额头先到画堂前。
> 几回拭脸深难到,留却汪汪两道泉。

以此夸张地来写她的额头及眼睛。

一时间我忘了小妹是不好惹的,只见她嘻嘻一笑,当即展开了战略反攻:

> 口角几回无觅处,忽闻毛里有声传。

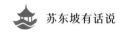

直接讥笑我不加修理、乱蓬蓬的络腮胡须。

女孩子最怕别人说出她长相方面的弱点,小妹额头稍稍凸出一些,眼窝稍稍凹下一些,就被我抓出来调侃了一把。小妹取笑我的胡须,似乎还没有抓到痛处,觉得自己没有占到多少便宜,再一端详,发现我的额头扁平,了无峥嵘之感,又一张马脸,两只眼睛距离较远,整个就是五官搭配不合比例,当即再次喜滋滋地反唇相讥:

去年一点相思泪,至今流不到腮边。

我一听,果然厉害,我不仅不生气,反而乐得拍着妹妹的头大笑不已。

我们兄妹戏谑起来,可以说是百无禁忌,常常是语带双关,各展才华。

黄蓉有个武功高强、憨厚可爱的靖哥哥,我家小妹实在不输于黄蓉,也有个才高八斗的书生"靖哥哥",这个人我们很快就会提到。郭靖让黄蓉整得很惨,同病相怜,我那妹婿也好不到哪里去。

小妹十六岁时,因为美貌与才华,上门说亲的人很多,经常要排队等候。小妹因为自己年纪还轻,不准备过早结婚,力争年轻的时候多学点东西,因此对前来说亲的人非常讨厌,但又不能贸然失礼。于是她想了一个办法,要求所有求婚者答三道题,答对了,才会考虑嫁给他。于是很多人没有经得住考验,铩羽而归。

当时在朝廷上,有一个大名人叫王安石,时任宰相,你一定听说过。他平时经常晨起不洗脸、晚睡不脱衣,身上就难免成了虱子大军的理想驻地。我的父亲非常讨厌这个人,曾写过一篇《辨奸论》,把他视作装模作样、胸中藏有大奸之人。王安石一直怀恨在心,两家关系很不好。后来见我们兄弟二人连登制举,就想来修好。

修好,结亲是一个不错的办法,王安石当然想到了。

一天,宰相大人王安石来我家相访。家父不得不接待客人,取酒对酌,酒过三巡,王大人就趁着酒意夸起了自己的儿子:"小儿王雱,读书只一遍,便能背诵。"

父亲一听不乐意了:在这里能轮到你儿子牛?

于是,父亲骄傲地回击道:"谁家儿子读两遍!"

王安石故作谦虚,说道:"老夫失言,不该班门弄斧。"

父亲更得意了:"不仅仅小儿读书一遍即能成诵,就是小女读书,也只是一遍而已。"

王安石听了大惊:"只知令郎大才,却不知令爱也是巾帼不让须眉。眉山秀气,尽属公家矣!"

父亲一下惊出冷汗,自悔失言,连忙告退。王安石可记

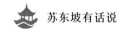

在心里了,回去后就托付古道热肠的黄庭坚来说媒,硬要把自己的儿子王雱介绍给小妹。

明摆着强娶豪夺嘛!我家可不是攀金枝的人家。父亲有点不乐意,但是"官大不好惹",只能说一切随缘。

黄庭坚一听高兴了,乐颠颠地带着王雱的得意之作来求亲。父亲拿过文章一看,顿时眼睛一亮,感叹道:"果然是虎父无犬子啊!真乃篇篇锦绣、字字珠玑!"不觉动了爱才之意。

但又一深思:不知他与女儿缘分如何?还是让她自己决定吧。

我家思想开放,婚姻是不包办的。

父亲想让小妹读一下王雱的大作,看她爱也不爱。这种事又不能太露骨,于是吩咐丫鬟道:"这些作品,是个少年名士所呈,求我指点。我忙得不可开交,你转送给小姐,等她批阅完,速来回话。"

丫鬟将这些作品转交给了小妹,并传达了父亲吩咐的话。

小妹细看一遍,叹道:"真是好文字!此必聪明才子所作。但秀气泄尽,华而不实,恐非久长之器。"遂于卷首批云:"新奇藻丽,是其所长;含蓄雍容,是其所短。取巍科则有余,享大年则不足。"

小妹就是小妹,眼光独到,一针见血。

小妹写罢批语,叫丫鬟将文卷还给父亲。父亲一见大惊道:"这批语让我如何回复介甫(王安石的字)!"急中生智,连忙涂去原来的评语,重新加上好批语送还。

并写信回复王安石道:"相府请亲,老夫岂敢不从。只是小女容貌丑陋,恐不足以当金屋之选。"

实际上论家世,论相貌,论才气,王雱都足以与小妹相匹配,可小妹偏偏瞧不起人家,眼光实在是太高了。

王安石见卷面换了,已有几分不悦,又见我们推三阻四,愈加生气。后来我们兄弟俩在他手下更是吃够了苦头。这是后话,暂且不提。

缘分来了挡也挡不住,这不,小妹的"靖哥哥"终于要出场和大家见面了。

在一次偶然的出游中,我认识了秦观秦少游。我很欣赏他的才华和个性。少游是今天的江苏高邮人,出生在一个家道已中落的地主家庭。少年时期,他也曾在扬州、越州一带与一些歌妓"香囊暗解,罗带轻分",但最终只是"赢得青楼薄幸名"而已。

风流却不下流,就像楚留香楚香帅一般。我喜欢!

秦观在哲宗元丰元年(1078)和元丰五年(1082)两度进京应试,但最终都失败了。元祐五年(1090),他因范纯仁推荐,被召至京师,应制科,出任太学博士(国立大学的教官)、秘书省正字,后迁国史院编修官。从此,他和我的关系介于师友之间(人们称他为"苏门四学士"或"苏门六君子"之一)。

自从我们结识,他就经常出入我家。青春年少、富有才华的少游慢慢地引起了小妹的注意。一天,她在我这里看到了秦少游的诗文,不由得发出了由衷的赞叹,这是十分罕见的事。

我一听便心里有数了:丫头可能动心了。而通过进一步细致的观察,我发现这丫头确实是喜欢上了秦少游。于是,我积极设法来促成这段美满的婚姻。

只要小妹这边没有意见,作为"苏门四学士"之一的秦观自然是无话可说。没想到事情进展得相当顺利,小妹经不住我的三五回劝说,就同意了这门亲事。当时少游尚无一官半职,而"三苏"已是声名赫赫,婚事自然在我家主办。

一般来说,在新婚之夜,新娘子都只会在羞涩、喜悦和焦急的等待中度过,可精灵古怪的小妹却别出心裁,玩出了一个新招,她在占尽了"地利"和"人和"的情况下,摆出了鸿门宴——

新房门前摆放了一张桌子,上面放了瓦盏、银杯各一只。丫鬟在一旁把关,要考验新郎官,真是闻所未闻。

小妹出了三道题目,游戏规则是:答对两题,饮瓦盏中茶,到东厢房读书一月再来;全答对的话,饮银杯中的美酒,送入洞房。古往今来第一人,不愧是我的小妹,精灵古怪的杰出代表。

第一道题目是一首诗谜:

> 铜铁投洪冶,蝼蚁上粉墙。
>
> 阴阳无二义,天地我中央。

第一句铜铁投入烘炉中冶炼,就是"化"的意思。第二句蝼蚁爬上雪白的粉墙含有"沿"的意思,"沿"与"缘"相通。第三句反过来看阴阳中只有一义,那就是"道"。第四句天地宇宙中间的,就只有"人"了。四句合起来就是"化缘道人"。

第一题对别人而言也许很难,可少游稍一思考便想通了,不禁哑然失笑。原来他也听过传说:小妹凸额凹睛。

……

风流年少的少游从来没有看见过未来妻子的真实容貌,着实放心不下,当时男女授受不亲,订婚之后更是不可能再见,又不好向别人打听。

着急呀!

那天他终于得知小妹要入庙进香还愿,少游计上心来,把自己打扮成"化缘道人",先在庙门前等着,小妹的轿子一到,少游就上前去求道:"小姐有福有寿,愿发慈悲!"

小妹在轿子里立即拒绝:"道人何德何能,敢求布施!"

少游要的就是小妹的搭腔,立即说道:"愿小姐身如药树,百病不生。"

小妹就是好斗,不甘示弱,跟着说道:"随道人口吐莲花,半文无舍。"

小妹边答边想,听这道人的口音甚是悦耳动听,年龄一定不大,就不知长得如何,从他化缘的语言来看,也颇多才思,小妹好奇心一起,就忍不住掀开轿帘要看个究竟。

少游要的就是小妹露出脸孔,如何肯放过这个千载难逢的良机?赶紧上前一步,终于见到了小妹,觉得她不仅不丑,反而气质高华,清气逼人,好不高兴!小妹回到家中却越想越气,于是就有了洞房之夜的第一道难题,考一考秦少游,以报前几日的一"面"之仇。

得罪谁,也千万不要得罪小妹!

少游是何等人物?少年时期就曾在扬州风月场中混过,见过世面的,想通了那一诗谜,提笔就回了一首:

化工何意把春催?缘到名园花自开。
道是东风原有主,人人不敢上花台。

诗中每句句首的字合起来就是"化缘道人",全诗也隐含着道歉的口气。小妹看了,芳心窃喜,一喜丈夫才思敏捷,二喜他终于向自己认错。

小妹,就是这么争强好胜。

第二题也是一首诗谜,并声明全诗打四位历史人物,必须一一注明谜底:

强爷胜祖有施为,凿壁偷光夜读书。

缝线路中常忆母,老翁终日倚门间。

这有何难!

第一句强爷胜祖的是孙权;第二句凿壁偷光的是孔明(孔里有光明);第三句由缝线想到"慈母手中线,游子身上衣。临行密密缝,意恐迟迟归",自然就是"子思";第四句老翁整天依倚门间,自然失望,那就是太公望,也就是姜太公姜子牙了。

少游再次过关。

连过两关,少游不免得意起来了。

但,人不可能总是走运的。

第三题是一副对联,出了上联,要求对出下联:

闭门推出窗前月

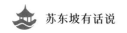
这次少游就惨了,挠头抓腮,来回走动,月到中天了还没有对出,看样子今晚是进不了洞房了。

我一看妹妹玩大了,新婚之夜不让新郎进洞房成何体统!就想提醒一下少游。但我不能直接过去告诉他答案,就往院中水池里扔了一块石子,只听"砰"的一声,池中月影散乱。

少游一看,报以感激的微笑,马上吟出:

投石冲开水底天

少游一口饮尽银杯中的美酒,房门打开,小妹含笑和羞地站在门边,少游欣然入内……

这就是我的精灵古怪、才华横溢的小妹。

我的家人介绍完了,接下来隆重登场的是我的第一位妻子——王弗。

成功男人背后的伟大女人：第一位妻子王弗

我的一生好像特别有女人缘。

童年时，生我的母亲佳名在外，大家闺秀，谆谆诱导。哺育我的乳娘任彩莲几十年待我有如亲生，直到七十五岁谢世，我亲自为她老人家写了篇墓志铭。你要知道，我一生写的墓志铭寥寥无几，仅七篇而已，王公贵族相请也是不给面子的。

成年后，先后又有三位女人出现在我的人生旅途中。也许是巧合，她们都姓王；也许是老天对我坎坷仕途的补偿，她们都有着惊人的美丽和才华。

她们的名字注定会被历史与后人铭记：

王弗，王闰之，王朝云。

不要以为我左拥右抱，享尽温柔，就乐不思蜀、不思进取。可不要把我东坡居士当作贾宝玉了！我可是男人气十足,豪放派的代表。

美好的女性引导我们向前。

女性的慈爱与温柔,给了我一颗异于常人的仁慈之心,但这并没使我的性格有丝毫的女性化走样。

我一生以豪放旷达著称,这就是最好的证明。

我的第一位妻子叫王弗。但我在这里可以和大家透露一个小秘密:其实,我的初恋对象是我的一个堂妹。

年轻嘛,容易冲动。单相思的初恋是苦涩的,奉劝现代的年轻人不要轻易品尝,还是要以学业为重。

我的妻子王弗比我小三岁,家住青神这个地方,在眉山镇南约十五里处,靠近河边,是一座山清水秀的小城,显得十分古朴。今天你到那里旅游,应当会看到大大的广告牌:苏东坡首任妻子王弗故乡。

如果没有,那实在应该建议抓紧竖上一块。这样的旅游资源要开发啊,我还等着向他们收取形象代言费呢!

爱妻王弗是典型的小家碧玉,美丽大方,温柔体贴。我岳父是乡贡进士王方,对我很赏识。仁宗至和元年(1054),我才刚刚十九岁,恰值弱冠之年,由父母安排我们结了婚,那时王弗才十六岁。

如果是现在的话,这就是典型的早婚了,可是在我们那

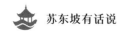

个遥远的年代,这是很正常的,比我们年龄小就结婚生子的比比皆是,读者诸君无须诧异。

我与王弗的结合真可谓天作之合,命中注定的神仙眷侣。后来还上了一期名叫《走遍中国》的节目,名称是"苏轼初恋的地方"。

好山好水出才子,才子才堪配佳人。

父亲看中了山青水美、钟灵毓秀的中岩书院,正好中岩书院教习王方是父亲的好友。王方才识过人,又教导有方,早已声名远播。

父亲一心要培养我成才,于是,我就只好转学到这里了。

我刚到书院时,人生地疏,觉得很无聊,但不久之后我的魂魄就被那山那水给勾去了。终日不是游山就是玩水,诗文早就抛到了脑后。

将在外,君命有所不受。放风难能可贵,一刻足值千金。对这样的时光我可是倍加珍惜。

我未来的岳父大人可就不愿意了,看在眼里急在心中,每次上课总是出些难题来为难我。尽管我很聪明,但老师要为难学生还是很简单的,你再聪明也是无法应对。

于是我出尽洋相,很没面子。

我很生气,后果很严重!

于是秉烛夜读,三更灯火五更鸡,头悬梁、锥刺股,与父亲当年发愤的情景差不多。

你别说,那年头还真有"鬼"!

一天深夜,我依然凭窗夜读,突然白烟滚滚,一位青衣女子飘然进入我的书房。我太专心了,竟视美女如无物,她看我全神贯注于诗书之中,也不出声,默默地点起一支熏香,然后坐在一旁看着我读书。

此时,一缕幽香飘来,瞬间我感觉心旷神怡。猛一回头,看到一位女子端坐在一旁。我连忙起身,向她套套近乎,请教芳名。

青衣女子也没回绝,说:"我是附近的农家女子,名叫'鱼倩',因路过时看到公子读书如此入神,就进来看一下。"

难道是一段人鬼奇缘?

我平静地说:"如果你想看我读书,那你就来看好了。"自那以后,"鱼倩"姑娘天天晚上都来陪着我夜读。

有美人相陪,我读书更是用心,效率自然更高了。"鱼倩"伴读,对我日后成为千古大才子,起了很关键的作用。

自此我深信:成功男人的背后一定有个美好且伟大的女人。

后来,我得知这"鱼倩"姑娘乃是钱塘江龙王之女,她尊父王之命到中岩书院旁边的深潭修炼,正好看到我用功夜

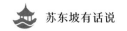

读,就动了爱恋之心,于是入室相伴。

杨过有小龙女,我也有,还是真正的龙王之女。

但好景不长,金屋藏娇之事很快就暴露了。

龙王得知,急令她返回钱塘。

于是,我二人长亭送别,执手相看泪眼,竟无语凝噎。

"鱼倩"临别前,深情地告诉我:"我离开后,如果你想我,到深潭边击掌三下,就会有一尾青鱼游出,只要你对着青鱼说话,我就都能听到。"并交代明年有人向我提亲时,一定要答应那桩婚事。

自此我就独守空房,埋头苦读。

而潭边也经常能听到我的击掌声,以及我与鱼儿的窃窃私语、心灵交谈。学友不知我的神恋,还经常取笑我。

但日复一日,我的信念丝毫不曾改变。

每年中秋,我未来的岳父都会邀请四方的文人墨客到中岩书院,一边赏月,一边品诗论文。这年中秋,王方按惯例又向朋友们发出邀请,但他附加了一个条件,就是来参加的人,都要给中岩书院旁的那个深潭起一个名字,最佳的命名将被雕刻在丹岩苍壁之上,使之千古流传。

于是,那年的中秋,就被称为"题名笔会"。

明月当空,深潭一泓。

那一夜,我爱上了你;那一夜,我出了名。

我的同学与慕名而来的文人都坐在潭边冥思苦想,争取能想出一个最动人的名字。

　　命名权很重要,能流芳千古。

　　但葡萄可不是那么容易吃到的。

　　文雅的酸,土得掉渣,怪得出奇。我不得不出手了。

　　我气定神闲地走到潭边,魔术表演开始了,我轻轻击掌三下,一尾青鱼就从石逢中翩翩游出,它时而悠悠然若凌空浮翔,时而腾跃出水面,激起浪花朵朵。

　　我的"鱼倩",我的爱人!

　　我不假思索,提笔就写下了"唤鱼池"三个大字。

　　众人目睹了我击掌唤鱼的表演,无不称奇。

　　命中安排,天缘巧合。我的"鱼倩"终于化为人形,与我再续良缘。

　　早就听说我们有个师妹,不仅貌美惊人,而且才学兼备。我们这个年代不像现代,女人是半边天,可以自由生活,这时待字闺中的少女是不能随便抛头露面的。

　　所以大家对这个师妹是只闻其名,未见其人。

　　她听说父亲于中秋之夜广邀贤士为书院旁的深潭取名,在家中也坐不住了。她也很喜欢那水潭,以前经常去玩,早就想为那潭取一个名字了,于是在一张纸上写下了名字,命丫鬟送往书院。王方当众打开,一看大吃一惊,她所取的名,居然与我刚落笔的那三个字一模一样:"唤鱼池"!

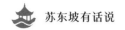

可见这是天机使然,神仙赐名。于是大家一致同意,将那"唤鱼池"三字刻在丹岩之上。

有人开始向老师进言,说这是神谕之缘,应将师妹配与我苏轼。

老师对我早有爱才之心,又看到如此机缘巧合,哪有不动心之理?笔会结束后,他就邀请我到了家中,重摆酒宴,师生举杯邀月,开怀畅饮。

年少豪情,美酒难却,但我苏轼的酒量实在有限,比不得乔峰,不知不觉间喝得大醉。

老师趁机将我留下,想成就这一段天赐姻缘。

次日清晨醒来,想起昨晚我那师妹在绣楼闺房之内,竟也能想出相同的名字来,心中十分好奇。

能见一面就好了!于是,我抓紧时间起床,四处寻找师妹的绣楼,期盼能有缘得见才女芳容。

我四处乱转,可就是找不到芳踪何处。

不经意间我转到了后花园,只见一座雅致的绣楼立于园中——可找到你了!看你与我的"鱼倩"有没有关系?

于是,我就在楼下静静地等待着。不多时,窗棂轻响,一位少女推开窗,迎着朝阳在窗前悠然地梳妆。

距离太远,又没有望远镜,我只好远观了。

虽然看不清容貌,但那举手投足之间流露出的神韵,就是一个活脱脱的"鱼倩"。此时,我确信她就是"鱼倩"的化

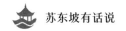

身,她就是我的爱人、妻子。

这是我初次见到未来的妻子王弗,虽然只是远观。

过了没多久,老师就请人来做媒,将王弗许配给了我。两家门当户对,一拍即合。从此唤鱼联姻的佳话,就这样流传千古。

我们的婚姻很幸福。爱妻不愧是名门闺秀,她聪明沉静,知书达理,与我琴瑟调和,甘苦与共。不要以为我们年轻,又是新婚宴尔,就整天耽于享乐,我们是相互鼓励的生活伴侣。由是我立志出仕,希望做一番事业。我每天依旧读书写诗,她总是耐心陪伴在侧,为我端茶倒水,铺纸研磨,终日不离。

读到名篇时,我们会一起吟咏,偶尔我忘记诗文、背不下去时,她便在一旁提醒。红袖添香,带给我读书的最大乐趣。

后来还有一个幕后听事的故事,足以证明爱妻识人眼光的独到。

我相信人是善良的,在我眼里没有一个人不是好人。这就为许多小人提供了陷害我的机会,幸好有聪明的妻子替我把关。

她对我交友待人极为关注,每当有朋友来与我聊天时,她总是立于帘后静心聆听,并认真分析哪些人是值得一交的朋友,哪些人是心怀鬼胎的不实之徒。

有一天，一个叫章惇的人来我家做客，我与他倾心交谈，可他总是顺着我的意思，尽说些让我高兴的话，我却没怀疑他存有坏心。

等章惇一走，妻子就从帘子后面走出来，忧心地对我说："这个人不可靠，心机太重，热情过分，你要小心，恐怕将来会对你不利。"

我忙问妻子原因，她说："他总是顺着你的意思说话，孔圣人不是说'巧言令色鲜矣仁'吗？我由是推断的。"

听了妻子的话，我如梦初醒。

她可真是火眼金睛。

数年后，章惇为了讨好权贵，将我出卖，迫害起我来比谁都狠，证实了当初妻子的看法。

爱妻教会了我太多的为人处世之道。可是，天妒红颜！

我们在一起生活了只有短短的十余年。英宗治平二年(1065)，爱妻年仅二十七岁，便病故于京城，留给我无尽的思念与悲痛。

自古红颜多薄命！

全家对爱妻很疼爱，评价很高。

父亲在她去世以后对我说："妇从汝于艰难，不可忘也！"并交代一定要我亲自扶棺回乡。

爱妻王弗辞世的十年后，我曾写过一首著名的《江城

子·乙卯正月二十日夜记梦》的词来表达我对她的深深悼念：

　　十年生死两茫茫。不思量，自难忘。千里孤坟，无处话凄凉。纵使相逢应不识，尘满面，鬓如霜。　　夜来幽梦忽还乡。小轩窗，正梳妆。相顾无言，惟有泪千行。料得年年肠断处，明月夜，短松冈。

译成通俗易懂的现代文就是：

　　十年来我们人鬼殊途。纵然不去刻意想念，也是难以相忘。你的坟墓孤单地立在千里之外，又有谁能同你聊起那凄凉的日子。即使我们现在能够相见，你大概也认不出我了吧，我已然尘土满面，鬓如寒霜。

　　在昨夜清幽的梦境中，我忽然又回到了故乡。而你还坐在小窗前梳妆打扮。你我纵有万语千言，相对时却也只能默默无语，只有涕泪千行而已。想来那年年让我肝肠寸断的地方，也就是你那明月映照、松树相陪的坟墓所在的小山冈吧！

　　这首悼亡词，是我对亡妻永难忘怀的真挚情感和深沉忆念的体现。

　　思念、无奈、悲切、感慨，万般滋味涌上心头！

　　天长地久有时尽，此恨绵绵无绝期……

后人对这首词评价也很高,认为此词境界开阔,感情纯真,品格高尚,读来使人耳目一新,完全可以同西晋潘岳的《悼亡诗》、唐元稹的《遣悲怀》以及南宋吴文英的《莺啼序》前后辉映,相互媲美。

并且,用词来悼亡,是我的首创。在扩大词的题材及丰富词的表现力方面,本篇也占有一定的地位。

王弗有一个堂妹,叫王闰之,王弗辞世三年后,即熙宁元年(1068),她成为我的第二位妻子。

闰之庄重、能干,对我的人生有着重要的意义。

第二章

考试与失恃

考试？我很擅长！

我父亲害怕科举考试，因为他应试不第，受到了挫折。

可是，长江后浪推前浪。我和子由兄弟二人却很擅长考试，是不折不扣、如假包换的应试高手。当然，这与我们的才学密不可分。

宋代大兴科举，以此选拔人才。只要考中就可以升官发财，衣锦还乡。

但科举考试录取率很低，万人齐闯独木桥，场面不可谓不壮观，结果不可谓不惨痛。

古人云"学而优则仕"，宋时的一位皇帝真宗赵恒还写过一首名为《励学篇》的诗，鼓励大家好好学习、天天向上，诗云：

富家不用买良田，书中自有千钟粟。

安居不用架高楼，书中自有黄金屋。

出门莫恨无人随，书中车马多如簇。

娶妻莫恨无良媒，书中自有颜如玉。

男儿欲遂平生志，六经勤向窗前读。

表示的意思是：读书考取功名是人生的一条绝佳出路，考取功名后，才能获得财富、美女和地位。

哎，这既是对读书人的激励，也是对读书人的束缚与毒害呀！

我们兄弟二人十年寒窗苦读，最终就是为了要参加科举考试，进入仕途，实现振兴家族的伟业，也实现自己的人生价值与抱负。

宋仁宗嘉祐元年(1056)的暮春三月，我和弟弟子由一道，在父亲的带领下，离开家乡眉山，赴京参加全国统一考试。

我们先到四川成都拜谒父母官张方平，他可是大官。

父亲上次科举名落孙山之后，没有灰心，一直苦读，打算求得一官半职。他曾写了一部重要著作，讲述为政之道及战争与和平的道理，很有真知灼见，传到京城，让当时的文人刮目相看。只要有名公巨卿大力推荐，就可以任命官职。张方平对我的父亲非常欣赏，打算立刻安排我父亲做成都书院的教习。

可见过京城大世面的父亲志不在此,便推辞了。最后张方平写了几封推荐信,其中有致欧阳修和梅尧臣的。欧阳修可是当时朝廷里的大官,文坛上的老前辈,他非常喜欢提拔后进。

　　怀揣几封推荐信,我们父子三人直奔京城而去。

　　我们跋山涉水,走过高悬天际的古栈道,翻越秦岭,入凤翔驿,过长安……经过两个多月的长途跋涉,终于来到了京城汴京(今河南开封)。

　　那时交通工具实在太落后了,没有汽车、火车,更不用说飞机了,能骑头毛驴就算不错了。

　　现代社会真是神奇,要我再考一次的话,我一定坐飞机试试。

　　那种在云里的感觉……

有才是这样诠释的

汴京,我来了。

在宋时,汴京是世界上最大的都市,繁华热闹。

我们兄弟千里迢迢来到这里,就是为了参加朝廷举行的科举考试。

选拔性很强,考中的几率很小,怨不得范进中举后都乐疯了。

可我并没放在心里,志存高远,状元才是我想要的。

说实话,考试是一件艰苦的事情,程序又多,不仅需要知识和智慧,还需要极大的耐心。

我父亲曾记载他参加考试的情景:"中夜起座,裹饭携饼,待晓东华门外,逐队而入,屈膝就席,俯首据案……"要入仕途,必须经过几场严格的考试。

但经过充分的备战,我们兄弟丝毫不怕。这就叫胸有成竹。

在京城,我们父子三人寄宿在一座寺庙里,真是与佛有缘。

为什么住寺庙呢?

大家都知道,京城物价比较贵,我们带的银子不多,还要在这儿住一年,参加第二年的考试;同行也太多,宾馆客栈都住满了。听说现在高考有人竟住总统套房,够奢侈的。

一文钱难倒英雄汉!没钱还真不行。

将困难化为动力吧!我们父子三人又开始了头悬梁、锥刺股的艰苦学习,临阵磨枪,不快也光嘛。

我们当然没忘记去拜谒文坛老前辈欧阳修,同时还认识了许多高官显宦,先发展好关系是硬道理。

没多久,开封府举办的解试(又称府试)开始了。

这种小打小闹的考试自然没放在我们兄弟眼里。题目太简单,无法体现我们的真实水平。

轻松搞定,顺利通过。我与子由兄弟二人双双高中。父亲很高兴,可没像范进那样乐疯了。可见,心理素质对于考试也很重要。

这仅仅是第一步,还要考,但要等到第二年,那是礼部主持的更高规格的考试——省试。

这才是我想要的!

时光易逝,考试的时间马上就到了。

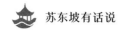

我又走进了一个新的考场，面临真正的考验。

结果会怎么样呢？

考试开始了，考试的题目是《刑赏忠厚之至论》，也就是《论述在赏罚实施的过程中要本着忠厚的原则》，一篇典型的议论文。高考作文大概也要以议论文为主，可见，今人对我们古人的借鉴还是很多的。

这注定是决定我一生命运的一场考试。

考题正合我意，我一挥而就，第一次阐述了我的仁政理想。

我的答卷堪称完美，就回忆出来和大家共享吧！

> 尧、舜、禹、汤、文、武、成、康之际，何其爱民之深，忧民之切，而待天下之以君子长者之道也。有一善，从而赏之，又从而咏歌嗟叹之，所以乐其始而勉其终。有一不善，从而罚之，又从而哀矜惩创之，所以弃其旧而开其新。故其吁俞之声，欢休惨戚，见于虞、夏、商、周之书。
>
> 成、康既没，穆王立，而周道始衰，然犹命其臣吕侯而告之以祥刑。其言忧而不伤，威而不怒，慈爱而能断，恻然有哀怜无辜之心，故孔子犹有取焉。
>
> 《传》曰："赏疑从与"，所以广恩也；"罚疑从去"，所

58

以慎刑也。当尧之时，皋陶为士，将杀人，皋陶曰"杀之"三，尧曰"宥之"三，故天下畏皋陶执法之坚，而乐尧用刑之宽。四岳曰："鲧可用。"尧曰："不可，鲧方命圮族。"既而曰："试之。"何尧之不听皋陶之杀人，而从四岳之用鲧也？然则圣人之意，盖亦可见矣。《书》曰："罪疑惟轻，功疑惟重。与其杀不辜，宁失不经。"呜呼！尽之矣！

可以赏，可以无赏，赏之过乎仁；可以罚，可以无罚，罚之过乎义。过乎仁，不失为君子；过乎义，则流而入于忍人。故仁可过也，义不可过也。

古者，赏不以爵禄，刑不以刀锯。赏以爵禄，是赏之道行于爵禄之所加，而不行于爵禄之所不加也。刑以刀锯，是刑之威施于刀锯之所及，而不施于刀锯之所不及也。先王知天下之善不胜赏，而爵禄不足以劝也；知天下之恶不胜刑，而刀锯不足以裁也。是故疑则举而归之于仁。以君子长者之道待天下，使天下相率而归于君子长者之道，故曰：忠厚之至也。

《诗》曰："君子如祉，乱庶遄已；君子如怒，乱庶遄沮。"夫君子之已乱，岂有异术哉？时其喜怒而无失乎仁而已矣。《春秋》之义，立法贵严，而责人贵宽。因其褒贬之义，以制赏罚，亦忠厚之至也。

　　这篇文章对今人而言稍嫌艰涩，把它翻译出来就是：

　　尧、舜、夏禹、商汤、周文王、周武王、周成王、周康王的时候，他们是多么地深爱人民、关切人民，又用君子长者的态度来对待天下人。有人做了一件好事，奖赏他之余，又用歌曲赞美他，为他有一个好的开始而高兴，并勉励他坚持下去。有人做了一件不好的事，处罚他之余，又哀怜同情他，希望他抛弃过去而开始一个新的生活。同意和不同意的声音，欢喜和忧伤的感情，在虞、夏、商、周的政治文献里都可以见到。

　　成王、康王死后，穆王继承王位，周朝的王道便开始衰落，但周穆王还是吩咐臣子吕侯，告诫他谨慎地使用刑法。他说的话忧愁却不悲伤，威严却不愤怒，慈爱而能决断，有哀怜无罪者的好心肠，因此，孔子把这篇《吕刑》选进《尚书》里。

　　古书上说："奖赏时如有可疑者，应该照样留在应赏之列"，为的是推广恩泽；"处罚时遇有可疑者，则从应罚之列除去"，为的是谨慎地使用刑法。尧帝当政之时，皋陶是掌管刑法的官，有一次要处死一个人，皋陶几次说"当杀"，尧帝却几次说"应当宽恕"，所以天下人都害怕皋陶执法坚决，而赞美帝尧用刑宽大。四岳建议："鲧可以任用。"尧帝说："不可以，鲧违抗命令，毁谤同族的人。"过后，他还是说："试用一下吧。"为什么尧不听从皋陶处死犯人的主张，却听从四岳任用鲧的建议呢？那么圣人的心意,从这里就可以看出来了。《尚书》里说:"罪行有可疑时,宁可从轻处置;功劳有疑点时,宁可从重奖赏。与其错杀无辜的人,宁可犯执法失误的过失。"唉! 这句话完全表现出忠厚之意呀!

可以奖赏,也可以不奖赏,奖赏的话就会过于仁;可以处罚,也可以不处罚,处罚的话就会过于义。过于仁,还不失为君子;过于义,那就会流入于残忍之人。所以说,可以在仁上有所过分,但不可在义上有所过分。

在古时候,赏赐不用爵禄,刑罚不用刀锯。用爵禄来奖赏的话,那奖赏之道只能行于爵禄所加之人,而不能行于爵禄所未加之人。用刀锯来刑罚的话,那刑罚的威严只能施于刀锯所及之人,而不能施于刀锯所不及之人。先王知道天下的善行赏不胜赏,而只用爵禄的手段是不足以劝勉的;天下的恶行罚不胜罚,而只用刀锯的手段是不足以制裁的。所以,有所怀疑的话就全部归之于仁。以君子长者的风范来待天下,使天下之人争相归于君子长者之道,所以说这就是赏罚忠厚到了极点啊。

《诗经》说:"君子如果高兴,祸乱就会很快止息;君子如果愤怒,祸乱也会很快止息。"君子止息祸乱,难道有奇异的法术吗? 他不过是恰当适时地应喜则喜,应怒则怒,不偏离仁慈宽大的原则罢了。《春秋》的大义是,立法贵在严厉,责人贵在宽厚。根据它褒奖和贬责的原则来制定赏罚制度,

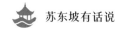

这也是忠厚之至啊。

洋洋洒洒，一篇大作就这样诞生了，流传千古。

考试结束后，我们兄弟信心百倍，放松心情，尽情地游览京城美景，等待发榜之日。

终于发榜了，我们兄弟起早去看，果然都金榜题名，双双高中。完全在我们的意料之中，但是，我还是有点郁闷：我仅得了第二名，我应该是第一才对！我自信没人能写出超过我的文章。

后来，我才听说这中间还有个插曲——

主考官欧阳修看到我的文章写得太出色，误以为是弟子曾巩所作，为避嫌，将我这篇大作判为第二名。

实在是冤天下之大枉啊！状元头衔就这样与我失之交臂！

后来欧阳修得知这篇文章不是弟子曾巩所写，后悔莫及。

他还想亲自考考我，又拿《春秋》面试，我又得了第一。

对我这篇大作，欧阳修一直有个疑问。

在我的文章中，皋陶杀人的故事其实是我杜撰的，所以，以博学著称的欧阳修老前辈也从未见过这个典故。

有一回他就此事问我："你的文章中皋陶杀人的典故出

自何处？我怎么没见过？"

我回答道："在《三国志注》所记载的孔融的故事里。"

欧阳修等我走后，把《三国志注》中有关孔融的故事仔仔细细地翻阅了一遍，可是并没有发现典故的出处，十分纳闷。

再次见到我时，他说出了心中的疑惑："我翻了《三国志注》，可孔融的故事中并没有这一典故哇！是不是你记错了？"

这时我就老实交代了："这个故事是学生杜撰的罢了！当年曹操经过官渡大战灭掉袁绍后，把袁绍的儿媳甄氏赏给了自己的儿子曹丕，孔融就给曹操写了封亲笔信，说：从前，武王伐纣，将纣王的爱妾妲己赐给了弟弟周公；此次，曹公效仿武王，将甄氏赐给世子，颇有胸襟，可喜可贺！曹操以为此乃美谈，回到许昌就追问孔融典出何处。孔融却慢悠悠地回答：'啊，这是我想出来的。我分析武王英明仁厚，必不忍心杀死美人，把妲己赐给兄弟，正可满足怜香惜玉之心和顾念同胞亲情之意，岂不是两全其美吗？今天能发生这样的事情，古代大概也会是这样的吧！'曹操这才明白孔融是在讥讽他们父子。我想，尧帝为人宽厚，执法官十分严格，自然就有这样的故事发生吧！我是效仿孔融，杜撰了这样一个故事而已。"

欧阳修听了，再三感叹我的学以致用，懂得变通，对我

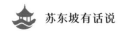

十分赞赏。后来他对别人提及此事,说我善于读书,日后一定会独步文坛。

他还说:"读苏轼的文章身上直冒汗,我应当避开,让他出人头地。"又对自己的儿子说:"三十年之后,大家只会记得苏轼,不记得我欧阳修了。"

北宋一代宗师、文坛领袖欧阳修都要"避开"了,面对一个二十多岁的小伙子说"避开",此话分量之重,可想而知。

被欧阳修言中,三十年后,我正如他所预测的那样,文名如日中天。但人们并没有忘记欧阳修老前辈,相反,人们由此推断,欧阳修是个何等可爱的老头儿,他无私地提携年轻人,他的胸襟值得人们敬仰!

一段文坛佳话就这样流传了下来。

那场礼部的考试,年轻的我一炮打响,轰动京城。可谓不鸣则已,一鸣惊人!文坛宗师欧阳修为之高兴,仁宗皇帝读了这篇文章,也很兴奋,亲自在朝廷对我们兄弟进行面试。

满朝文武对我们的才学无不惊讶。

及第之后,我们等待着朝廷的委任。

失恃之悲

你来祝贺,他来道喜,我们及第后忙于应酬。

但,大喜之后必有大悲!

正当我们父子三人沉浸在喜悦之中时,突然传来母亲在眉山病逝的噩耗。

晴天霹雳!

这就是我们古人所言的失恃(母亲去世)了。《诗经·小雅·蓼莪》云:"无父何怙,无母何恃。"后来就称失去父亲为"失怙",失去母亲为"失恃"。

我们陷入了万分悲痛之中。

前些年父亲游学在外,教育我们两弟兄的重担自然就落到了母亲的肩上。母亲最大的希望就是我们能考试及第,为家族争光。我们兄弟不负所望,双双考上了进士,可母亲还未得到这个消息就与世长辞了。

哀哀父母,生我劬劳!

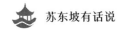

心中的惨痛难以言说!

我们父子三人急忙收拾行囊,匆匆离开汴京,昼夜兼程,赶赴眉山……

回到眉山,看到昔日房屋已经破陋,加之母亲已故,一片凄凉的景象。

为母亲守孝时,我又想起小时候母亲教我读《范滂传》时的教诲,我没有辜负母亲的厚望,可母亲却没有听到我名震京城的消息! 想到这里,我暗自悲痛落泪。现在唯一能做的就是为母亲尽最后的孝道——回乡守孝。

古代给父母服丧有一个专有称呼,叫"丁忧",即为失去的父亲或母亲守孝三年,实际上是二十七个月。

第三章

初入仕途

丁忧归来

话说我和弟弟回家为母亲办丧守孝,这一去就是三年。待我们三年之后返回京城时,因老家也没啥重要亲戚了,就拖家带口地一起走。

几十口人啊,先是坐船,后是搭车,途经三十六个县,整整走了四个月。我想,要是生在现代就好了,一架飞机,两小时就到了。

虽说旅途遥远,但全家人都在一起,好歹也是安慰。因为有家人们同行,我们一边慢慢前行,一边观赏风景,饮酒作诗。我们是从以大石佛出名的嘉州上船的,经水路出三峡。

一路上,我们父子三人一边玩赏沿途美景,一边吟诗作对,更有家人相陪,玩得不亦乐乎。而她们初次离家,对什么都很好奇。

总是在船上也有看腻的时候,终于到了四川省界的地

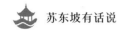

方,看到岸边山上诸多城镇庙宇,我和弟弟子由终于按捺不住,于是停船上岸游历了一番。

此处还流传着一个神话,说这里本来隐居着一位修行的道士,身旁常年有一只白鹿陪伴,后来的某天道士得道飞升了,白鹿也随着失踪了。当地人还说在夜晚经常能听到那只白鹿的鸣叫,却怎么也找不到它在哪儿。

听完这个传说,我倒有点可怜起那只白鹿了,所以写下了《仙都山鹿》这样一首诗:

> 日月何促促,尘世苦局束。
>
> 仙子去无踪,故山遗白鹿。
>
> 仙人已去鹿无家,孤栖怅望层城霞。
>
> 至今闻有游洞客,夜来江市叫平沙。
>
> 长松千树风萧瑟,仙宫去人无咫尺。
>
> 夜鸣白鹿安在哉,满山秋草无行迹。

过了省界,长江三峡的美景才刚刚开始,可三峡的凶险也让我过足了刺激的瘾,一度吓得我冷汗直冒。所以沿途只要经过大一点的寺庙,我都会下船游玩一下,并祈福一番,保佑我一家老小顺利平安。

那时候的航船技术实在是太落后,为了多数人的平安,船只之间总要相隔半里多。遇到险要之处,要等到前面一条船平安顺利通过以后,后面的船只才敢通行。要是遇上官船,走得更要极其小心,江岸两边会布满手拿红旗的士兵,前面的官船平安渡过后,再挥旗子引导其他船只通行。那速度,那效率,实在是让人郁闷。而且自瞿塘峡开始,江岸两边奇石怪木,险象环生,我有诗为证:

> 入峡初无路,连山忽似龛。
>
> 萦纡收浩渺,蹙缩作渊潭。
>
> 风过如呼吸,云生似吐含。
>
> 坠崖鸣窣窣,垂蔓绿毿毿。
>
> 冷翠多崖竹,孤生有石楠。
>
> 飞泉飘乱雪,怪石走惊骖。

过了瞿塘峡,便到了巫峡,过巫峡自然免不了看巫山十二峰。而神女峰则是其中不可不看的一处。

说到神女峰,连船老大都和我们侃起来:他自称年轻时经常独自攀登那些高峰,特别是神女峰,等爬到神女祠,那个高度已是虎狼所不能及了,就连莺啼猿鸣之声也变得渺不可闻。

神女祠前有一片很特别的竹子,竹枝弯曲触地,仿佛想膜拜神灵。每当有风吹起,竹枝随风摆动,便将祠堂前面打扫得一干二净。

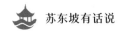
如果不是那山峰直耸云霄,高不可测,我都想去爬一爬神女峰了。在如此的仙境中,人或许真的可以成仙,可难就难在无法忘掉欲望。

出了巫峡不久便到了秭归,秭归地处川鄂咽喉长江西陵峡两岸,山川秀丽,风景如画,是个著名的地方。既是世界文化名人、伟大爱国浪漫主义诗人屈原的故乡,是端午习俗及龙舟文化的发祥地,也是四大美人之一的王昭君的故乡,文化底蕴相当丰富。

据《水经注》记载:"屈原有贤姊,闻原放逐,亦来归……因名曰秭归。""秭"由"姊"演变而来,是这个地名的来历。这里的名胜古迹有很多,如屈原故里、屈原庙、读书洞、照面镜、兵书宝剑峡等,读者诸君如有时间可以去好好游玩一番。

秭归

秭归县,现属湖北省宜昌市,位于长江西陵峡两岸,三峡大坝库首。

秭归历史悠久,文化积淀深厚,是楚文化的发祥地,为诗人屈原、"明妃"王昭君的故里。汉元始二年(2),置秭归县;南北朝北周建德六年(577),置秭归郡，改秭归为长宁县；隋开皇三年(583)，改长宁为秭归；唐武德二年(619)，置归州；天宝元年(742)，改置巴东郡，治秭归；乾元元年(758)，复置归州；宋代，仍名归州。1998年，秭归出土了7 000多年前的太阳神纹石刻。

目前，秭归县境内有5A级景区1个，4A级景区2个，3A级景区1个，2A级景区1个。

屈原祠始建于唐代，原址在秭归归州城东的"屈原沱"。1976年7月，因葛洲坝水利工程兴建，迁建至归州，改名为"屈原祠"，如今与三峡大坝正面相对，有山门、两厢配房、碑廊、前殿、乐舞楼、正殿、享堂、屈原墓等。

屈原故里文化旅游区位于秭归新县城，占地面积约500亩，是屈原纪念景区，建有屈原文化艺术中心。此外，还有三峡古民居区，包括新滩古民居、峡江石刻、峡江古桥等。其中，崆岭纤夫、战国铜马车、骚坛遗韵及雕塑、牛肝马肺复制、滨水景观带等，都各具特色。

过了秭归，很快就到了"新滩"，新滩位于西陵峡中的兵

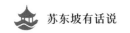

书宝剑峡和牛肝马肺峡之间,据后来南宋诗人范成大《吴船录》记载:"新滩旧名豪三峡,晋、汉时山再崩塞,故名新滩。"

新滩险恶无比,有一道三米高的瀑布,船要上难,要下也难:上如登天,下如脱弦。民谣唱道:"打新滩来绞新滩,祈告山神保平安;血汗累干船打烂,要过新滩难上难。"在新滩,船毁人亡的事故不计其数。

新滩的滩险都是由山崩滑坡而造成的。滩险主要有三处:上滩、中滩和下滩。

上滩由无数巨石罗列江中而成,有如横江的大坝、卧江的长龙,阻截江流。滩上水平如镜,滩下却激流翻腾,俨然天河倾泻。

上滩往下五百米是中滩,十多个不同名称的巨石罗列其间,总称为"石豆子"。

中滩往下八百米是下滩,由龙马溪口突出江心的射凤碛同南岸的将军滩遥遥相对而形成。

北岸石多水浅,仅有一条狭窄的通道,叫作"龙门";江南岸有较宽的通道,叫作"官漕"。洪水季节,三滩均没入江底,激流滚滚,满江旋涡。到了枯水季节,水落滩现。

在木船盛行的年代,每到枯水季节,新滩两岸滩上滩下停泊的船只数以百计,等待放滩和拉滩。

放滩,就是将船从滩上放过头滩和二滩。必须雇当地有经验的驾长,否则大都船毁人亡。放滩前,船工们即使寒风凛冽,也得赤膊上阵,一是为了便于奋力摇橹,二是为了万一船毁时便于泅水逃生。

拉滩,即把船从下滩拉到上滩。船大桅高,拉滩时不仅要将桅杆倒下来,还必须把舵也下掉;船尾要朝上,以防滩水进舱,拉滩时用两三根篾缆,总共需两三百人,浩浩荡荡,蔚为壮观。一天下来,拉过的船不过十来只,其难可想而知。

所以,我们来到这里也是倍加小心,在这里停留了整整三天。我留下了《新滩》一诗,形容它的险恶及我害怕的心情:

> 扁舟转山曲,未至已先惊。
>
> 白浪横江起,槎牙似雪城。
>
> 番番从高来,一一投涧坑。
>
> 大鱼不能上,暴鬣滩下横。
>
> 小鱼散复合,瀺灂如遭烹。
>
> 鸬鹚不敢下,飞过两翅轻。
>
> 白鹭夸瘦捷,插脚还欹倾。
>
> 区区舟上人,薄技安敢呈。
>
> 只应滩头庙,赖此牛酒盈。

在新滩停留了三天后,我们到了虾蟆培,我照例也在这

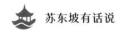

里留诗一首:

> 蟆背似覆盂,蟆颐如偃月。
> 谓是月中蟆,开口吐月液。
> 根源来甚远,百尺苍崖裂。
> 当时龙破山,此水随龙出。
> 入江江水浊,犹作深碧色。
> 禀受苦洁清,独与凡水隔。
> 岂惟煮茶好,酿酒应无敌。

之后我们一行人到达宜昌,过了宜昌之后风光便变得平静安详了。两岸景色,尽在目前;一路看山,诗酒唱和。

在江上的航行过程中,有一次我们还遇上了一场大雪,我父亲提议以此为诗题,但不以盐、玉、鹤、鹭、絮、蝶、飞、舞之类前人已用滥用熟的词汇来比喻雪,也不许使用皓、白、洁、素等惯用的形容词来形容雪之白。父亲还以为这样就会难倒我,哪里知道这根本不在我的话下,我让弟弟子由先写,然后直接用他的原韵,一气呵成:

> 缩颈夜眠如冻龟,雪来惟有客先知。
> 江边晓起浩无际,树杪风多寒更吹。

青山有似少年子，一夕变尽沧浪鬓。

……

草中咻咻有寒兔，孤隼下击千夫驰。

敲冰煮鹿最可乐，我虽不饮强倒卮。

楚人自古好弋猎，谁能往者我欲随。

纷纭旋转从满面，马上操笔为赋之。

我的才华在这里大大展露了一番。

过了江陵，我们就决定改走旱路。一路上总是上岸游玩，后来才发现竟然在江中度过了整整一个冬天。好景也赏完了，时间也不多了，皇命在身，还是抓紧赶路吧。

到这个时候，我们父子三人已写下了百余首诗歌，这就是后来的《南行集》。直到次年二月，我们一家才到达京城。

这是我生平的第一次人口大迁徙，后来才知道，这是一个不好的开端，预示着我做官那些年不是从这里迁到那里，就是从那里再迁到更远的一个地方。好几次我刚买的房子还没来得及装修，就又得换地方了。唉，我这么清廉的官存点银子不容易啊，结果没折腾几次，我就囊中羞涩、一贫如洗了。

这搬家的坏处可谓数不胜数，不但浪费钱财，而且还导致了一个大问题，那就是我人到中年时就因搬家路途遥远

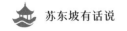

且辛苦,落得一身病痛。哪像后来的时代,说出差那都是高铁飞机,要是我……罢罢罢,先不发牢骚了。因为是要回京当官,说实话还是有点小兴奋的,没料到结果却令我大失所望。

或许是我离开京城太久了,皇帝把我三年前考试时的光辉事迹全给忘了,我们兄弟俩到吏部办理注册手续时,却发现都只是给了个县主簿(类似现在的办公室主任)的职位。

我们堂堂"苏门三杰"之二,怎安心做这样的小事?我和弟弟一合计,不当这芝麻官,把老板给炒了。

我心里暗想,既然皇帝你把我给忘了,我偏偏让你忘不掉,不就是考试吗?我考个更好的给你开开眼界!

这仁宗皇帝也相当配合我,不久又举行了一场级别更高的制举考试,而且是他亲自主持,呵呵,又到我表现的时候了。

那天我和弟弟去报名,谁知报名处挤满了黑压压的人群,从齐肩孩童到白须老叟,人挨人、人挤人,就像现在遇到超市特价一样,还好没发生踩踏伤亡事件。

费了九牛二虎之力,我和弟弟好不容易挤到主考官面前。主考官正被越来越多的人挤得极不耐烦,一抬头看到我们兄弟俩,像是见到救星一般,"嗖"地站起身来,拉住我

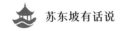

们就不放。

我正诧异他是不是给挤疯了，刚想开口，却见他冲着我身后一声大吼："苏轼兄弟在此，你们还有希望吗？"

我刚想和他说做人要谦虚，就听身后"哗啦"一声，我回头一看，来报名的人竟消失了一大半，还剩下几个，也只是在那里捶胸顿足而已。唉，早知如此，让他提前喊一声，也不至于挤破了我宝贵的衣衫啊。

到考试那天，我们兄弟俩起了个大早赶到考场。

人聪明了就是没办法！我大笔一挥，就撂下洋洋洒洒的一些漂亮文章，而且还是提前交卷的。

交完卷，我左等右等，考试还是没结束，一不小心我竟睡着了。正在我与周公畅游之际，忽然听到："宣苏轼上殿！"我恍然醒来，却发现周围跪了黑压压一片神情紧张的考生。我一应声，旁边"扑通"晕倒了一个，我摇着头走了出去，心想：是叫我又不是叫你，用得着紧张成这样吗？就这心理素质，你也来凑热闹？

等我走进大殿，发现皇帝正两手发抖拿着我的文章，连声赞叹。看我进来，不及我行礼，他便开始问我一些治国安邦的策略，我自然胸有成竹，对答如流，听得他直点头。最后皇帝又问我："卿对当今朝政有何见解？"

我早就听说皇帝求才若渴，愿意听取大臣们的意见，早准备好了一肚子的批评当今朝政种种弊端的建议,得此机会,便毫不客气地一吐为快,比如:后宫嫔妃过多,花销太大,皇上律己不严、勤政不足,等等,只听得他脸上红一阵白一阵的。听到最后,他沉默了半晌,来了句:"朕自当思之,卿且退下吧。"

后来我听说,当天仁宗皇帝回宫后对曹皇后说:"朕为子孙后代得了两位清平宰相啊!"

两位?一位是我,另一位当然是我弟弟子由了。我毫无悬念地拿了第一名,被仁宗皇帝封了个制举第三等。别看是三等,自宋朝开国一百年来,我前面只有一个人获得过如此殊荣,这个人是吴育,一、二等级形同虚设罢了。俗话说:树大招风,人贤惹妒,此时已注定了我此后仕途的坎坷。

且说考完试,皇帝就看中了我,要给我大官做,但一些大臣百般阻挠,说我年纪太小,缺乏历练。特别是王安石还说什么:我要是考官,就不取苏轼!

皇帝又听取了大臣的意见,便只给了我一个京官大理评事的身份,派到陕西凤翔府去做判官。

此判官非彼判官
——陕西凤翔府光荣就职

这就是我的第一个官职——凤翔府签判,别误会,这个"签判"可不是阴曹地府的那个"判官",顶多算现在地方政府的秘书长,二把手一个。

陕西凤翔距离京城足足有一千二百余里,而我父亲和弟弟都被留在京城做官了,我真不想和他们分开。但最终还是大丈夫志在四方的念头占据了上风,我决定带着娇妻阿弗赴任。

仁宗嘉祐六年(1061)冬十一月十九日,那真是个天寒地冻的日子,我带着一家老小走了二十多天才到达陕西的凤翔。

凤翔古称雍州,地处关中西部,是周室发祥之地,嬴秦创霸之区,始皇加冕之处。这里人文荟萃,历史悠久,有着丰富的文化积淀,孕育了源远流长的华夏文化,素有"青铜器之乡""民间工艺品之乡"的美誉。

一不小心,又为这个地方做了免费广告。

这个地方确实挺美的,值得我为它做宣传。然而这里最让我感兴趣的还是各地的名胜古迹,所以只要是放假,我就会到处游玩,这完全遗传了我父亲的嗜好。

当时凤翔府的一把手是位和蔼可亲的宋太守(宋代习惯称呼知府、知州为太守,这里本来职位是知府,下同)。尽管我是二把手,但由于年少气盛,初入仕途,新官上任三把火照样烧得红红火火。

每次我一忙完府内的事务,便四处视察民情,解决了不少悬疑案件,释放了许多受冤的囚犯。当然,在视察的同时,我也畅游了太白山和黑水谷一带,还有周文王故里,甚至还抽空去了趟终南山。

终南山

终南山是中国重要的地理标志,又名太一山、地肺山、中南山、周南山,亦称南山,位于陕西西安之南,素有"天下第一福地"的美称。

终南山在秦岭山脉的一段,东西长约230千米,最宽处55千米,最窄处15千米,总面积约4851平

方千米,海拔 2 604 米的主峰位于长安区境内。终
南山是中国南北天然的自然地理和人文地理的分
界线,目前为国家 4A 级旅游景区、国家森林公园、
国家自然保护区、世界地质公园。

终南山地形险阻,宋代《长安县志》载:"终南横
亘关中南面,西起秦陇,东至蓝田,相距八百里,昔
人言山之大者,太行而外,莫如终南。"

终南山是道文化、佛文化、孝文化、寿文化、钟
馗文化、财神文化的发祥地。"寿比南山""终南捷
径"等典故,在此诞生。

在凤翔任职期间,苏轼曾多次去终南山"上清
太平宫"参道读经,夜宿宫中溪堂,潜心研读由宋太
宗御赐北帝宫的一部《道藏》,并写有游上清太平宫
的诗句:"二曲林泉胜,三川气象佺。"还写有《读道
藏》诗一首。其弟苏辙也从道教,写有一首《和子瞻
读道藏》诗,记录了他们在终南山上清太平宫溪堂
读《道藏》的情景。

可在我到凤翔不久,这里就开始闹旱灾,宋太守便派我
去向雨神为民求雨。说实话,我不是道士,并不知道怎么求

雨,但为民求雨是父母官的职责,我自然不会推辞。

所以我想了许久,感觉肯定是哪儿出了毛病,不然雨神怎么会发怒呢?先不管哪里出了差错,至少我应该让雨神知道:不下雨对他也没啥好处。于是,我决定先去教育他一番再说,而且听说那雨神龙王就住在秦岭太白山上道士庙前面的小池塘里,顺便游玩一番也不错。

于是乎,我认真地准备了一份自认毫无纰漏的状纸,便去了那个传说中的小池塘。但当我站在池塘前面时,实在没看出这巴掌大的小水坑有什么特别之处,而且周围也实在没什么活物,偶尔看到池塘底部游荡着一条小鱼,权当是雨神的化身吧,我便对其展开了强有力的语言攻势:

"上苍有好生之德,今年却不下雨,害得盗贼四起,老百姓无吃无喝、叫苦连天。麦苗是老百姓的命啊!你不下雨老百姓就没命了,还拿什么供奉你……"

我本来想先奉承他几句的,但是越想越生气,接着教育他:

"做神仙的也应该像上天一样爱护小民,上天封你为雨神,你却不下雨,你这不是欺上瞒下、枉为神仙了?"

我对着"雨神"发了一通牢骚之后,便又在太白山上游玩了一圈才回家。

谁知回城后的第二天真的下了雨,当时我听管家大喊一声:"下雨了!"我刚想走出客厅,享受一下雨的伟大成果,可还没走到厅门,又听到管家喊:"雨停了!"唉,实在太不给面子了,这雨下得也太小了吧!我一生气,就转身回屋睡觉去了。

躺在床上,我又细想了一下:难道雨神也不听教化?就在我百思不得其解的时候,管家进来了,看到我沮丧的样子,禀报道:"老爷实在太厉害了,一求就下雨了,但下雨太小不是您的错,实在是雨神在那里闹情绪,嫌职位太低。"

我一听来了精神,一骨碌爬起来,到书房一查资料,发现果不其然!原来太白雨神在唐朝时被封为公爵,但到了我们伟大的宋朝却被封为侯爵,实际上是被贬低了。

于是,我联合太守,赶忙给皇帝上了一个奏折,请求恢复雨神的爵位。然后,派特使敬告神灵已经为他求了封号,谁知刚告诉了他这个消息,那瓢泼大雨便应声而下。我不得不感慨:原来神仙也争名求利,不能脱俗啊!

但是,第二年七月份又遭大旱,这次我和太守再次上山求雨,可我们使出浑身解数也不灵验了。难道雨神又想升官?那我这次可没办法了,要一直按这个速度升上去的话,不出几年岂不升成玉皇大帝了?后来雨神仍然不买账,我只好转求姜太公了。

因为我求雨成功,落下体恤民生的美名,又加上我人缘颇好,被众人称为"苏贤良"。正当我自我感觉良好时,我的顶头上司被换成了怪老头陈希亮。

陈希亮也是眉山青神县人,与我的娇妻阿弗是同乡,当年和我父亲也挺熟的。本以为这下应该比和老宋在一起更顺利了,谁知这老头脾气怪得很,行武出身,个子不高,面部黝黑,两只小眼睛有点斜视,但身上的肌肉一块一块地垒着,不亚于李小龙那身板;而且严厉刻板,毫不讲情面,动不动就暴跳如雷。我终于真正体会到什么叫"秀才遇到兵,有理说不清"的境界了。

关于他的光辉事迹我也是早有耳闻,据说他训练部下极其严格,军令如山,毫不留情。如果他的兵奉命站军姿,即使对面射来飞箭,士兵们也会岿然不动。

听说他在长沙做官时,赤手空拳抓住了一个恶僧,那僧人好像后台还蛮硬的,但仍被他给抓了起来,送了法办。后来,全境的人都称他是疾恶如仇的好官。

还有一次,他一次性抓捕了七十多个男巫,那些男巫平日里横行霸道,鱼肉乡民,欺男霸女,此事被陈希亮知道后,把他们全部给抓了起来,强行送回老家修理地球去了。

我本对他印象不错,可谁知他一来就摆起了官架子。虽说我只是二把手,但在凤翔府好歹也是一人之下、众人之上啊!每次我去拜访他,他不是派个下人打发我说很忙,就是把我撂在客厅等他,如果少等一会儿也没关系,可让人等到花儿也谢了,就十分讨厌了。

有一次我中午去找他,他竟然让我在客厅足足等了两个多小时,足够我回家睡了午觉再回来的了。打那次以后,我再也不愿意去拜访他,即使有事也能免则免。

更让我不可忍受的是,他不但摆官架子,还故意处处和我作对。堂堂大文豪我的亲笔奏章,他竟然看都不看就叫我重写,要不然就在我宝贵的墨宝上胡乱涂改,然后再叫我重新抄一遍。等我改好了之后,他还要在鸡蛋里挑骨头,在上面涂抹两笔。气煞我也!

更过分的是,他竟然还发布命令,不准任何人叫我"苏贤良"!连皇上都敬我三分的,这个怪老头却处处压制我,生怕我的功绩盖过他一样。

有一次,一个比较乖的小吏偷偷叫了我一声"苏贤良",隔得那么远都被他听到了,这老头眼睛不好使,耳朵倒出奇地灵!只见他气势汹汹地走过来,大声呵斥那小吏:"没听到我的命令吗?军法伺候!"一把抓过那小吏就用鞭子抽。那小吏被抽得疼痛难忍,鬼哭狼嚎地叫了起来。

我从来没有体罚过下人,怎么能容忍因我而起的暴行?我实在忍无可忍,想一个箭步冲上去,用小擒拿手夺了他的鞭子,但还没等我迈开两步,就被众人给拉了回来,一人在我耳边小声说:"小擒拿手没用的,他会大擒拿手。好汉不吃眼前亏!"我仍然挣扎着想过去,打不过又怎样,士可杀不可辱!

谁知他一甩头发,回头狡猾又凶狠地对我说:"你要敢对上司我不敬,我照样抽你!"

哼,又拿官职压我!我心里暗想:你就嫉妒我吧,早晚我给你好看!

自从这个活阎王上任以来,我在凤翔的噩梦就开始了。日子过得不顺时,我更想念我的父亲和弟弟,在郁闷的时光里,我总是以诗词来消愁:

> 花开酒美曷不醉,来看南山冷翠微。
>
> 忆弟泪如云不散,望乡心与雁南飞。
>
> 明年纵健人应老,昨日追欢意已违。
>
> 不问秋风强吹帽,秦人不笑楚人讥。
>
> ——《壬寅重九,不预会,独游普门寺僧阁,有怀子由》

那年中秋节,大家照例要到太守府参加例行宴席,历来有这样一个规定:不去者罚铜八斤。可我刚和他闹了别扭,才不愿意拿热脸贴人家的冷屁股呢。罚就罚呗,大爷我没钱也给你凑,但我就是不去。

后来我直接叫阿弗把八斤铜送去了,阿弗说太守挺诧异的,我正想庆幸小出了口恶气,却听阿弗说:"相公家里没钱了,你把我陪嫁的这个簪子先拿去用吧。"我顿时感觉羞愧难当,真不该为这点小事让娇妻受委屈。

在这种不爽的日子里,还好有娇妻阿弗陪伴着我,她总是边给我按摩,边温柔地劝我:"怪老头虽然严厉,不近人

情,但并没有什么大的过错啊!你看人家把凤翔九个县都治理得井井有条,怎么说也不算个坏官,是不是?"

我仔细想想也是,但当时看着那老头不近情理就不爽。大概是先入为主的缘故吧。

后来陈希亮在太守馆里建造了个"凌虚台",这时偏想起我了,非让我写篇文章,好刻在碑上留作纪念。我心中暗想:这次可是你找我的,看我不戏弄戏弄你!

于是,又一篇名传千古的佳作《凌虚台记》就诞生了:

> 国于南山之下,宜若起居饮食,与山接也。四方之山,莫高于终南;而都邑之丽山者,莫近于扶风。以至近求最高,其势必得。而太守之居,未尝知有山焉。虽非事之所以损益,而物理有不当然者,此凌虚之所为筑也。
>
> 方其未筑也,太守陈公杖屦逍遥于其下。见山之出于林木之上者,累累如人之旅行于墙外而见其髻也。曰:"是必有异。"使工凿其前为方池,以其土筑台,高出于屋之危而止。然后人之至于其上者,怳然不知台之高,而以为山之踊跃奋迅而出也。
>
> 公曰:"是宜名凌虚。"以告其从事苏轼,而求文以为记。轼复于公曰:"物之废兴成毁,不可得而知也。

昔者荒草野田,霜露之所蒙翳,狐虺之所窜伏,方是时,岂知有凌虚台耶?废兴成毁,相寻于无穷;则台之复为荒草野田,皆不可知也。尝试与公登台而望:其东则秦穆之祈年、橐泉也,其南则汉武之长杨、五柞,而其北则隋之仁寿、唐之九成也。计其一时之盛,宏杰诡丽,坚固而不可动者,岂特百倍于台而已哉?然而数世之后,欲求其仿佛,而破瓦颓垣,无复存者。既已化为禾黍荆棘丘墟陇亩矣,而况于此台欤?夫台犹不足恃以长久,而况于人事之得丧,忽往而忽来者欤?而或者欲以夸世而自足,则过矣!盖世有足恃者,而不在乎台之存亡也!"既已言于公,退而为之记。

照例我要把它翻译出来,以便于读者:

居住在南山脚下,自然饮食起居都与山接近。四面的山,没有比终南山更高的了;而城市当中靠近山的,没有比扶风城更近的了。凭借靠山最近而要求住得最高,那么这位置必然能达到。但太守住在此处,开始还不知道附近有山。虽然不是事情得失的原因,但是按事物的道理却不该这样,这就是凌虚台修筑的原因。

就在它还没有修建之前,陈太守拄着拐杖、穿着布鞋在山下闲游。他见到山峰高出树林之上,山峰重重叠叠的样子,正如有人在墙外行走而看见的那人发髻的形状一样。

陈太守说:"这必然有不同之处。"于是,派工匠在山前开凿出一个方池,用挖出的土建造了一座高台,台子修到高出屋檐才停。这之后有到了台上的人,恍恍惚惚不知道台的高度,而以为是山突然活动起伏冒出来的。

陈公说:"这台叫凌虚台很合适。"就把这件事告诉了他的下属苏轼,而请求苏轼写篇文章来记叙这件事。苏轼回复陈公说:"事物的兴盛和衰败,是无法预料的。这里从前是长满荒草的野地,被霜露覆盖的地方,狐狸和毒蛇出没的所在,在那时,哪里知道今天这里会有凌虚台呢?兴盛和衰败交替,变化无穷无尽;那么高台会不会又变成长满荒草的野地,都是不能预料的。我曾试着和陈公一起登台而望:看到其东面就是当年秦穆公的祈年、橐泉两座宫殿遗址,其南面就是汉武帝的长杨、五柞两座宫殿遗址,其北面就是隋朝的仁寿宫,也就是唐朝的九成宫遗址。回想它们一时兴盛,宏伟奇丽,坚固而不可动摇,何止百倍于区区一座高台而已呢?然而几百年之后,想要寻找它们的样子,却连破瓦断墙都不复存在。已经变成了种庄稼的田亩和长满荆棘的废墟了,相比之下,这座高台又怎样呢?一座高台尚且不足以长久依靠,相比于人世间的得失、来去匆匆又如何呢?或者想要以高台夸耀于世而自我满足,那就错了!因为要是世上真有足以让你依仗的东西,就不在乎此台的存亡了!"对陈公说完这些话,下来后我便为他记下了这篇文章。

怎么这样写？

是的，我就是故意写他这个台子终究会倒的，原以为他又会怒发冲冠地来找我让我重写，谁知道他不但没生气，还叫人一字不改地把这篇大作刻到石碑上去了，倒显得我很小气一样——不过好像确实有点，年轻气盛嘛。

回家后娇妻阿弗又劝我，说："老太守虽然为人严厉，但心肠不坏，你看他对其他部下也都非常严厉，但他训练出来的兵个个都是勇武之士，说不定他正是在故意磨炼你啊！"

我听了阿弗的话，心中开始产生了悔意。

后来陈老头调任，临走时才告诫我："你年少有才，但没有受过挫折和打击，官场上像欧阳修、范镇那样忠厚宽容的人毕竟是少数，你今后的路还长，好自为之吧！"

几句话说得我一愣一愣的，才知道被阿弗说中他老人家的良苦用心，他如此磨炼我，都是为我好啊！

再后来，我激动万分地想回报他老人家，可没等我有啥报恩的行动，老头就因为收了人家几坛好酒上书自我检讨，请求离开朝廷，因此分司西京。不久，他就告老还乡，十年后去世。

我一直后悔当时总是与他对着干，没有机会向陈老道歉，只好在凌虚台的背面写下忏悔的文字：

……公于轼之先君子，为丈人行。而轼官于凤翔，实从公二年。方是时,年少气盛,愚不更事,屡与公争议,至形于言色,已而悔之。窃尝以为古之遗直,而恨其不甚用,无大功名,独当时士大夫能言其所为。公没十有四年,故人长老日以衰少,恐遂就湮没,欲私记其行事,而恨不能详,得范景仁所为公墓志,又以所闻见补之,为公传。轼平生不为行状墓碑,而独为此文,后有君子得以考览焉。

所以年轻人不要意气用事,忠言逆耳利于行,切记,切记!

除却在凤翔结识的陈希亮给我留下了不可磨灭的印象外,还有一个人不得不提,他就是当时的商州令章惇。

这个人前文已经提及,阿弗让我防备着他点。

后来发生的一件事,也让我对此人起了戒心。

那是一个秋高气爽的下午,我和章惇闲来无事,相约到山里游玩。在我们到了仙游潭的时候,前面是悬崖峭壁,只有一座独木桥可以通过。我朝桥下一看,哎呀,我的妈呀!下面是深不见底的万丈深渊,看一眼都发晕!

章惇那小子却毫不在乎地对我说:"你敢不敢到对面那悬崖上留下你的墨宝?"

切,不要用激将法,激了我也不去!我一家老小还都指望我养活呢,我才没那么傻,逞一时之勇,拿自己的小命开玩笑!

我坚决地回答他说:"我? 不敢去!"

章惇嘿嘿一笑,说:"就知道你不敢,看我的!"

我刚想拉住他,却见他已经走上了独木桥。

我心想:坏了坏了,他要是一不小心,来个自由落体运动,我岂不是有口说不清? 说不定还要背个谋杀的罪名! 你说当时要是有摄像机就好了,把这个过程拍下来,至少还可以证明我的清白无辜。

我正想该怎么办呢,章惇已经轻松地走过了独木桥,回头冲我摆了个造型,又把腰带解下来。

我正想说:"请不要随地大小便!"话还没说出口,却见他把腰带系到对面的歪脖子树上,难道他想要寻短见不成?

我急忙大喊一声:"章兄自重啊! 有什么想不开的至少还有我呢!"

谁知他回过头来,三角眼一瞪,冲我喊道:"谁要死啊? 我只不过想下去留点纪念罢了,看好!"

只见他抓住腰带另一端,像猴子一样滑到悬崖石壁上,拿出笔写下了"苏轼章惇来此一游"几个字,然后才晃悠晃悠地回来。

我摸着他背上的冷汗,不由感叹道:"你以后肯定敢杀人!"

"为什么?"

"你都不爱惜自己的性命了,还会爱惜别人的性命吗?"

"哈哈……哈哈……"他的狂笑在山谷中震荡,久久不息。

果不其然,他先是为了争夺相位,出卖了提拔他的王安石;后来当了宰相,甚至还要挖了司马光老先生的坟墓,鞭尸暴骨;再后来,他又看我不顺眼,就因为嫉妒我在逆境中还过得比较舒坦,就一直贬我的官,还把我打发到边疆,放逐到海南。那时候海南可没现在漂亮,放逐海南也就是比斩立决轻一等的处罚。由此,可见此人的心狠程度。

幸亏我的阿弗早早提醒我,叫我识人交友,才没有被他过早迫害。

悲惨世界：再回汴京，失妻丧父

是金子在哪儿都会发光，虽然发光的不一定都是金子。

我是不是金子呢？

就在我和陈老头在凤翔府闹别扭时，又换了个皇帝执政。还好新皇帝英宗赵曙也早闻我的大名，听说也想升我的官，结果又遭到丞相韩琦的阻挠，说我仕途尚浅，为了我将来好，还是不要升官升得太快，对年轻人的培养不好。

我真庆幸有这么多人关心我的成长与发展，所以我一直坚信，天下无坏人啊！

新皇帝执政的第二年就召我回京城了，我又参加了一次学士院的考试。人有才了逃都逃不掉，我一不小心又拿了个第一名，再次入了最高的"三等"。可能是皇帝看我知识太丰富、才华太突出了，这次直接把我发到直史馆修编国史去了。

可是人命由天，我一生最伤心的时刻到了。

我的爱妻,我的阿弗,时刻在我身边为我出谋划策,时刻提醒我学会知人之明,时刻无微不至地照顾我,甚至从不嫌我脚臭,使我一改往日邋遢作风的爱妻阿弗,在我回京半年,尚未来得及共享京城之乐时,便悄然离我而去!只留下了一个六岁的儿子苏迈。这是我心中永远的伤痛!虽然后来又有闰之和朝云,但她们三人秉性各异,各自在我心中占有不可替代的位置!

她就这样离我而去了,留给了我一生永远无法抹去的痛……

即使是又过了十年,我想起阿弗,仍然心中悲痛万分,仍然时常梦见她。悲从中来,于是有了流传百世的《江城子·乙卯正月二十日夜记梦》:"十年生死两茫茫。不思量,自难忘……"

可伤痛并没有因为我的心碎而停止。

时过一年,就在我还未从爱妻的病逝阴影中走出时,我的父亲也在京城病故。惨痛何极!我只好和弟弟子由扶柩归蜀,将父亲和母亲合葬,然后又守孝三年。

守孝期间,我和弟弟率领家中老小在苏坟山上手栽松柏三万棵,希望我的父亲母亲,还有我的爱妻,能在安详中长眠。

守孝期满,我就再次回京。谁知我这一次返京后,竟再也没回过故乡,为生前与故土的诀别!

想必千年之后的今天,我栽下的树苗早已变成古树名木,在此多谢各位对我家的关照。

守孝三年后,我和弟弟都回到京城,不管怎样,还得为皇帝干活,好养家糊口。经济基础决定上层建筑,说得实在是太正确了!

与"拗相公"的较量

这次我回到政治中心京城开封,仍旧有一些不开心的事情。就像那天,我刚到家,椅子还没坐热呢,就有人来汇报最新消息:"不得了了,不得了了! 王安石要变了,要变了!"

谁要便了? 茅厕多的是,哪儿都行啊,总不能便出什么金银珠宝吧? 要这么大惊小怪的!

"不是便,是变法啊!"

"变法? 谁啊? 这么能耐?"

"就是那个以前比你还邋遢的王安石啊……"

以前比我还邋遢的? 哦,知道了! 就是上朝时胡子里还爬满虱子的那位仁兄吧!

这个王安石得好好说一下,你说他身为堂堂政府要员,又不是没老婆——难道是他那个胖老婆不管他? ——怎么就这么不注意形象呢? 听说他还从来不换外套,天天蓬头垢面的,十天半月不洗脸,本来人长得就不怎么样,又这么邋遢,走在京城的大街上实在太——太影响市容了!

这老头不但不修边幅,连学问也不怎么样。当然除了我们"三苏"和恩师欧阳修他们,数半个时辰也许能数到他。

他在学问方面最差劲的一件事,就是对字乱加解释。

实在不是我贬低他,记得那次我故意问他:"为什么'鸠'字是九和鸟组成的呢?"他憋了半天没憋出来,还不服气,反问我:"你又知道?"

我只好煞有介事地告诉他:"《诗经》上说:'鸤鸠在桑,其子七兮。'七个小鸟加上两个父母,不刚好九个吗?"

我其实是在讽刺他的解字法,他听了却兴奋得不得了,连说:"是啊,是啊,那我也会了。那'波'字就是水的皮了。"

我一听,心想,这老头无药可救了,太自作聪明了! 我不好意思直说他,就接着反问他:"照你这么说,那'滑'字就是水的骨头了?"他抓耳挠腮,无言以对。

真是荒天下之大谬!

他的这种解字之法,被后来的许多治学严谨的学者大批特批,我就不再多批了。

你说他一不修边幅,二不搞学问,听人说还夜夜通宵读书,那脑袋瓜子都想什么了?

后来才知道,他天天都在想怎么赚钱了。但说实在的,他良心不坏,他赚钱从来不是为自己,想的都是怎样为皇帝

苏东坡有话说

102

赚！所以我一离开京城,他就把当今的新皇帝忽悠住了。

他后来的做法也完全印证了我的看法:此人自作聪明,刚愎自用,还是个钱虫子。

就说他天天喊的"变法"吧,虽说初衷是好的,但太过于激进,还不许别人批评、反对。我说他初衷好,只是说变革是可以的,但应该多为老百姓着想。国家是得变,但欲速则不达,要像白天不知不觉变成黑夜一样,不能像从严冬一下子变成酷暑,就算再温暖,那人也受不了这个温差呀!

但王安石这老头确实不是等闲之辈,我父亲苏洵就专门写了《辨奸论》批判他,说他是装模作样、心中藏有大奸之人,还说他具有王衍的丑陋与阴险,兼有卢杞的辩才,而王衍和卢杞均是亡国之臣。

父亲还说:"使斯人而不用也,则吾言为过,而斯人有不遇之叹。孰知祸之至于此哉! 不然,天下将被其祸,而吾获知言之名,悲夫!"

即:假如这个人没有被重用,那么我的话说错了,而这个人就会发出不遇明主的慨叹。而谁又能够知道灾祸会达到这种地步呢? 不然的话,天下将蒙受他的祸害,而我也将获得有远见的名声,那就太可悲了!

看来父亲也实在不愿他的预言成为真的。

一开始,我和弟弟子由还不能理解,感觉父亲话说得太重。但另一位张方平伯伯却完全赞同我父亲的说法。

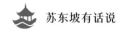

于是，我仔细查了王安石的档案，发现这个人的城府不是一般的深，那可是相当的深！这个人善于隐藏，更善于等待时机。

话说仁宗时，王安石就小有名气，出任三司判官。曾经还写了"万言书"给老皇帝，想要对国家的财政政策进行改革，说："因天下之力以生天下之财，取天下之财以供天下之费。"

但谁知老皇帝看完就没下文了，其实那时仁宗已经老了，当然不想对国家大动手术了。

后来老皇帝又想起他，几次三番召他回京当官，他却一直避而不接圣旨。听说有一次，他刚吃了饭在自家院子里溜达，远远听见有人喊："圣旨到！"他慌不择路地想躲，竟一头钻进臭烘烘的茅厕里，任凭别人怎么喊也不出来。

后来仁宗皇帝驾崩，但没有留下龙种。纳闷。

但宋仁宗赵祯确实没有儿子，不是我污蔑他。赵曙的父亲是濮安懿王允让，他小名叫"十三"，自小在宫中长大，妻高氏，小名"滔滔"，生母是曹太后的姐姐，也是在宫中长大。"十三"和"滔滔"结婚，人称"仁宗娶妇，太后嫁女"。或许就是因为这几层关系，赵祯最终把宝贝皇位传给了赵曙，史称宋英宗。

话说当时仁宗驾崩，遗诏要赵曙继位，赵曙却高喊道：

"我怕,我不做皇帝!"边喊,边往宫外跑,是宰相韩琦一把抱住他,喝令太监取过龙袍,给赵曙披上,并把他拉上龙椅。

当时仁宗在世时,王安石曾上书奏请不要立英宗为帝。谁知人算不如天算,英宗最终还是登上了皇位,他王安石可要万分小心了。其实英宗倒没有记恨他,还屡次召他回京做官,但王安石很有自知之明,辞谢不就。

紧接着四年之后,英宗之子赵顼即位,是为神宗。神宗这孩子年轻气盛,一片雄心,就想着怎样国富民强了,四十七岁的王安石这才感觉到自己的机会真的来了,足足蛰伏了二十五年,此时终于要跳出来了。

王安石回京后,瞅着机会和小皇帝套近乎,和小皇帝大谈特谈他的变法之策,还喊出了什么"天变不足畏、祖宗不足法、人言不足恤"的口号。

一边是年轻好胜、志在富国强兵的皇帝,一边是对自己的政治改革信誓旦旦的大臣,两人一拍即合,王安石迅速被擢升为宰相。

王安石得到神宗皇帝的大力支持,便开始大刀阔斧地推行新法,但他毫无前提地直接从变更政治、经济制度入手实行改革,那我就不能同意了! 原因很简单:太过激进!

不只我这样想,我的恩师欧阳修,还有大学士司马光等人也极力反对新法。后来听说司马大学士实在看不惯王安石的做法,就在神宗皇帝面前和王安石大动肝火了,两人吵

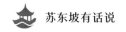

得不亦乐乎。

原来,国库空虚,到了春天祭天大典时,皇帝竟然想免去赐给我们的银两绸缎,还说这样可以给皇家节省一大笔财富。这当然是王安石出的馊主意!这怎么得了!我本来还想趁此机会缓解一下家中的财政危机,顺便改善一下伙食呢!家中已三月不知肉味了,天天都是变着样地做白菜,现在我看到白菜都想吐了。可还没等我发话,司马老先生已经和王安石开战了。

王安石说:"国库空虚,就是因为你们这些大臣完全不知理财之道!"

司马光反驳道:"别以为我不知道,你所说的财政改革不就是在老百姓身上多搜刮点银子嘛!"

王安石道:"才不是呢,会理财的不用加赋税,照样能使国库充盈!"

司马光胡子一撅:"胡说八道!一个国家有多少银两是一定的,这些银子不在老百姓手里就在国库里,不论你变什么法,用什么名目,也只不过是把老百姓手里的钱拿一部分交国库罢了,难道你还以为它们会像鸡一样生蛋不成?荒唐之至!"

小皇帝虽然暂时感觉司马光的话有几分道理,把新政拖了一个月,但毕竟年纪小,经不住王安石变本加厉的忽悠,终于在熙宁二年(1069),支持王安石推行了青苗、均输、市易等新法。

所谓"青苗法"，就是在每年青黄不接的时候，由官府出面贷款给农民，半年收二分利。而以往农民都是向地主借高利贷，半年利息高达五六分。

你别说，王安石这个法自有他一定的高明之处，这直接导致地主的利益都转移到了朝廷手中，同样又使贫农免受了高利贷的盘剥。

虽然王安石的想法是好的，但他却没有考虑到实施起来如何避免出现的重重问题，比如：

地方官为了表现成绩，强行向农民摊派贷款，虽然这种做法朝廷明令禁止过，但俗话说得好：上有政策，下有对策，这一行为还是屡禁不止；

不少地方官还擅自放利三分，既向上邀功，又向下刮地皮，欺上瞒下，弄得怨声载道；

更严重的是在青黄不接的时候，农民拿了贷款不是用来种田，而是拿到城里吃喝玩乐，学起了城里人的享受。钱用光了，人也就跑了。这直接导致收款时逼债，很多人为此银铛入狱，家破人亡。

就这样，王安石和各级官僚把自己的意志用改革的名义强加到了人民头上。

这些都是变法者们所没想到的，不仅"青苗法"如此，同时实施的其他新法也不断出乱子。

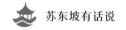

就在王安石还没有摆平青苗、均输、市易等新法带来的负面效应时,竟然又准备进军科举制度,请求在科举考试中废除诗赋等传统科目,专以经义、论、策来考试。

竟然要变更老祖宗留下的贡举之法?这还了得,是可忍,孰不可忍!我一生气,大笔一挥,就给皇帝上了一道论述贡举之法行之百年、不可轻改的奏折——《议学校贡举状》。

小皇帝当然不能无视我苏大学士的意见,立马召见了我,问我国策。那几天我正被"拗相公"的种种行径气得上火,一见了小皇帝,我马上对他进行了批评教育:"求治太速,进人太锐,听言太广。"

皇上被我说得脸红脖子粗,但还是忍了:"你的话我会仔细考虑的,但你回去还应该好好帮我想想怎么平乱哪!"

虽然我现在的官职只是史官,但有了皇上这句话,我又有了对抗"拗相公"的信心。

可就在我准备对"拗相公"的变法大军发动新一轮的攻击时,司马老先生、范纯仁、富弼、范镇等,我亲爱的长辈和战友不忍被王安石欺侮蹂躏,竟集体辞官了。

对于这件事,最伤心的还不是我。就在司马光和众位老臣在大殿上集体辞职时,那小皇帝哭得那是鼻涕一把、眼泪一把的,他拉着司马光不放,说:"爱卿不要离我而去啊!

我做错了什么?"

本来听了他前半句,司马老爷子还想安慰他一下,可听到后半句,发现都到这种地步了,他竟然还不知道自己错在哪里!狠狠心,一甩手,老爷子跑到洛阳埋头写书去了。

后来人都走没了,神宗皇帝还委屈地问王安石:"为什么会闹得这样人仰马翻呢? 为什么所有的大臣都要反对新法呢?"

王安石当然不能让小皇帝有一丝打退堂鼓的念头,便说:"您要走先皇的富国强兵之路,就不得不清除这些反动的旧臣,这是反动的旧臣和皇上您夺权的斗争啊! 那些自私的大臣,全都存心阻挡皇上效法先皇,就是因为这,才闹出了这些乱子啊!"

小皇帝眨巴眨巴眼睛,天真地相信了王安石的话,认为这就是一场英勇的皇帝和反皇帝的奸邪大臣之间的斗争。

王安石这人,怕小皇帝起疑心,便在朝中大刀阔斧地清除异己,再安排上自己的亲信,每天给小皇帝报告变法的好成果。小皇帝身在深宫,无法得知实情,就只好信以为真,做着富国强兵的美梦。

虽然司马光他们都远远躲开了这场没有硝烟的战争,但我苏轼却绝不是轻易妥协之辈! 就冲着小皇帝让我帮他平乱这句话,我也要抗争到底!

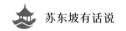

见不到皇帝,我就给他写奏折,《上皇帝书》洋洋洒洒万余言,就是在这一背景下诞生的。

小皇帝看了后激动万分,想重用我,却又向王安石征求意见。那"拗相公"本就因为我爹的《辨奸论》对我们父子怀恨在心,而前一段时间我又公然上书反对他,此时他岂能容我高升?

所以,让我高升的提议又流产了。

大丈夫做官岂能只是为了功名、荣耀?当然不是!我继续到处奔走呼告,希望能让皇帝看到民间百姓由于变法所受到的疾苦。很多人抛弃了祖业,变卖了财产,只为还硬派下来的贷款,但最终仍逃不过流离失所、家破人亡的悲惨结局。

我痛心疾首,又写了一封奏折《再上皇帝书》,直接告诉他:"今日之政,小用则小败,大用则大败,若力行而不已,则乱亡随之。"

可惜的是,这一次没有惊醒皇上,却触怒了王安石。他派小人谢景温,也就是他弟弟的媳妇的哥哥,来栽赃诬陷我。说什么我三年前回家办丧时,利用官船沿途贩卖官盐等私货。

简直是荒天下之大谬!想当年我返乡时,英宗皇帝和诸位恩师好友要赠送我的银子也足有几千两,我都一概未收,岂会贪图这点小便宜?我的恩师欧阳修,大臣韩琦、范镇等都站出来为我说话,只有王安石保持沉默。

小皇帝查了几个月,才明白我是清白无辜的,同时也知道京城已没有我苏轼的立足之地了,便下旨:"出去做个知州吧!"

谁知圣旨到了中书,又被王安石截了回来,要发配我到颍州做通判。毕竟皇上还是爱惜我的,虽然不能和"拗相公"直接抗衡,也不愿我落得太凄惨,朱笔一挥:"通判杭州。"

杭州? 杭州是个好地方啊!

后来我在杭州的逍遥生活暂且不提,且说王安石终于把我这块绊脚石踢开以后,随着新法的进一步实施,其弊端也日益突出。他一开始还能用亲信谎报成果,欺瞒皇上,但时间长了,纸总是包不住火的。

直到有一天,成群的灾民从东北逃到京城,以致堵塞了街道。一个叫郑侠的皇宫门吏画了几幅难民图,悄悄呈给了皇上,皇上这才恍然大悟,潸然泪下。

巧的是,就在郑侠献图之后,当晚的夜空便出现了彗星,中岳嵩山崩陷,这都不是好兆头。神宗皇帝这才知道触犯了雷霆之怒,戛然终止了王安石的新法。

人人都说杭州好
——杭州通判

"北客若来休问事,西湖虽好莫吟诗。"

大文豪苏轼的诗?当然不是,这是我才到杭州就收到的好友文同的"警告",他不仅是位诗人,还是位著名的画家。

可是他也太不了解我了,杭州风光如此之美,我能不激动万分吗?我既然都激动万分了,能不写几首诗吗?我要是真的不写诗了,那还是我苏轼吗?

再说,看在皇上怀着恻隐之心把我发到这富饶之地做官的分上,我也得好好做出点政绩报答他。不让我管事?这怎么可以呢?

且不去管他。

到了杭州,当然首先要拜访我的上司——杭州太守沈立。早听说这个沈立是王安石提拔上来的官,因为要和仲一起共事,不得不去拜访。我心想,这回要好好发挥一下通判的作用了。通判通判,弄权,不合作,打小报告,把太守弄得里外不是人,在当时那是常有的事。所以太守忌惮通判,那是普遍现象。

可出乎我意料的是,竟有很多反对变法的人给他写信。这沈立倒也精通为官之道,既不得罪王安石,也不得罪反对变法者,基本能做得到爱民勤政。

是个人物。

经过交谈,我发现他是值得深交的人,我们慢慢成了朋友,经常在公务之余,一起去西湖游玩。

尽管我离开了京城,但还是摆脱不了新法的阴影。后来我干脆与沈立合作,朝廷的命令不可公然反抗,但却可以弹性执行。虽然这一举措无法彻底改变百姓们的惨状,却也起到一些作用。

"青苗法"在杭州推行以后,我就在衙门坐不住了。一有时间我就下去巡视县城,余杭、临安、富阳、新城等地,都留下了我的足迹。

有次正值春耕时节,我到了新城县,不断看到一些年轻人兴冲冲地往城里赶,还有一些年轻人操着一口不伦不类的城里人的口音,在路边的茶馆里嘻嘻哈哈地谈笑。

我很奇怪:这些人怎么不去忙春耕? 等我来到农地旁,却发现只有一些年迈的老人在艰难地耕地,我便上前询问

一位正在耕地的老人家:"老伯,家里没有儿子干活吗?"

"唉,有两个儿子又怎样呢? 本来还好好干活的,谁知县官派了青苗贷款下来,我儿子哪见过那么多钱? 一个儿子当场高兴疯了,另一个揣着钱到城里鬼混去了。到了秋天拿什么还贷款? 可怜我这老头子啊! 呜呜……"

老人家说到伤心之处,哭了起来。

岂有此理,竟有如此不孝的子孙! 我立刻想替老人家出口气:"老伯,你不要担心,我这就派人把你儿子抓起来,如此不孝的子孙,我会替你好好管教他的!"

"什么,你是当官的? 大人啊,求求你放过我的孩子吧,就当我老汉什么也没说,你大人有大量!"

我不忍再听,转身离去,却又咽不下这口气,只好把这股愤懑之情发之于诗:

杖藜裹饭去匆匆,过眼青钱转手空。

赢得儿童语音好,一年强半在城中。

不但"青苗法"有很多漏洞,同时实施的盐法也让老百姓吃尽了苦头。浙东、浙西本是制盐大省,新法却要在短时期内杜绝私盐,老百姓有私自制盐的均被抓了起来。

而官家出面制盐,为了快速充盈国库,官盐价格高得令老百姓望而却步,甚至很多人根本买不起盐吃。

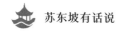

江南本是产盐的地方,当地百姓却吃不上盐,实在是对新法的极大讽刺。难道真是学了孔子不成?

> 岂是闻《韶》解忘味,迩来三月食无盐。

而且,因为禁止私盐和催缴青苗贷款而抓捕的犯人,一年就接近两万,监狱都人满为患。

> 君不见钱塘宦游客,
>
> 朝推囚,暮决狱,
>
> 不因人唤何时休。

我尝尽了审问犯人的苦楚。

作为通判,每逢要清点犯人,看着他们个个衣衫褴褛、衣不蔽体的样子,我就心存不忍。因为大多数犯人都是因新法的弊端而被捕,我自己都反对新法,又怎么忍心对他们惩处呢?我不过是为了那一点微薄的俸禄养家糊口罢了,其实和他们又有什么区别呢?

> 除日当早归,官事乃见留。
>
> 执笔对之泣,哀此系中囚。
>
> 小人营糇粮,堕网不知羞。

我亦恋薄禄，因循失归休。

不须论贤愚，均是为食谋。

谁能暂纵遣，闵默愧前修。

这是我内心的真实写照。

所见的种种新法恶果，让我在杭州的日子并不好过。而此时我的妻子已是王闰之，她本是我的亡妻阿弗的堂妹，但性情却和阿弗迥然不同。

当然，她对我早就暗生情愫。

闰之是典型的贤妻良母，她每日将家里的大小事务处理得井井有条，一门心思带孩子（我与阿弗的爱情结晶苏迈，后来闰之又为我添了次子苏迨与三子苏过），从不关心我与谁结交。在那些抑郁的日子里，是闰之给我带来了慰藉。

但我也不是那种迷老婆的男人，身处人间仙境，我又怎么可能只老老实实待在家里呢？

特别是后来沈立调走之后，皇上给我派来了陈述古。这个陈述古遭遇和我相似，也是因为反对新法，被王安石的党羽吕慧卿给排挤出来的。

我们两个人在一起，可谓志同道合，不但联手抵抗新法，还在闲暇之余，拉上一帮人，泛游西湖，饮酒取乐。

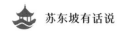

可惜我实在不胜酒力,每次喝不了多少,便欣赏美景去了。西湖实在是太美了!也只有在这种美景当中,我才能暂时忘掉当时的苦闷。

西湖的美不限于天气和光线,不论晴雨,总是有它的独到之美,而那种种特色,只会让你惊讶地感叹它的美丽与梦幻。我也就是在那时写下了被大家广为传诵的七言绝句《饮湖上初晴后雨》:

> 水光潋滟晴方好,山色空蒙雨亦奇。
>
> 欲把西湖比西子,淡妆浓抹总相宜。

据说在此诗之后,西湖才被称为"西子湖"。西子湖一直默默地伴我度过那段灰色的日子,这首诗也算是对它的一点点报答吧。

此后,我经常徜徉在西湖边上,哪怕只是自己荡舟而行。说西湖的美不限于天气一点都不假,我还有诗为证:

> 黑云翻墨未遮山,白雨跳珠乱入船。
>
> 卷地风来忽吹散,望湖楼下水如天。

顺便提一句,现在的西湖水可没我那时候清澈了,环境保护真的要提上日程了!

这一次我在杭州待了不久,诗篇却留下不少。有位热心的朋友帮我编成诗集,还印了几十本散发给众人,谁知却引来很多人(今称"粉丝")到杭州看我,其中就有我后来的至交好友黄庭坚。

说起老黄,确实是和我挺投缘的,记得那时他到杭州来拜访我,我们就一起畅游西湖,好不自在。就这样,我们成了一生的知己。

有一次,我和老黄一起外出春游,当时正逢夕阳下山,天边的晚霞把半边江水染得通红,真是"半江瑟瑟半江红"。

老黄又来了灵感,对我说:"如此美景,我们对上一联如何?"

有何不可?还怕你不成?于是我满口答应。

他慢悠悠地吟出上联:

晚霞映水,渔人争唱满江红

说完还很得意地望着我,意思是说,看你怎么对出下联。

此联确实有点难度,他把"满江红"这一词牌名加了进去,但又自然贴切。可是这怎能难倒大才子我呢!我稍想了一下,就对出了下联:

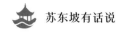

朔雪飞空，农夫齐歌普天乐

下联也用了"普天乐"这一词牌，与上联对仗工整，天衣无缝。

老黄竖起大拇指，夸赞我："高明！实在是高明！"

还有一次，我与老黄一起穿着便服游莫干山。那时刚好是夏天最热的时候，我们走得又累又渴，便到路边一座小寺庙里休息。

谁知庙里的主事和尚见我们衣着十分朴素，便瞧不起我们，漫不经心地说了声"坐"，又对小和尚淡淡地说了声"茶"。

谈了几句之后，主事和尚发现我们俩很有才华，言谈不俗，便请我们到厢房，并客气地说"请坐"，又对小和尚说"敬茶"。

又谈了一会儿，当他得知我们便是大名鼎鼎的苏轼和黄庭坚时，便恭恭敬敬地请我们到客厅，说"请上坐"，又对小和尚说"敬香茶"。

我和老黄对和尚的这种以貌取人和溜须拍马的作风很不以为然。正在这时，主事和尚要我为他留一墨宝。我正想借此机会戏弄他一下，便没有推辞，提笔写了一上联：

坐，请坐，请上坐

写了上联，我便看着老黄含笑不语，老黄心领神会，便随口念道：

茶，敬茶，敬香茶

老黄果然与我"心有灵犀"，我便提笔写下了他的下联。那和尚想到刚才的情景，惭愧地干笑几声，讷讷地说不出话来，只好羞愧地收起了我的墨宝。

出得寺庙，我和老黄相视大笑，扬长而去。

我和老黄之间的趣事还有很多，这里就不再多说了，只是有一件事一定要提，那就是遇到我的爱妾王朝云。

那天，我与老黄，还有其他几个朋友同游西湖、喝酒时，我们照例找来几位美女歌舞作陪。

只见悠扬的丝竹声中，数名舞女长袖徐舒，轻盈曼舞，而舞在中央的王朝云格外艳丽多姿，再加上她高超的舞技，一下子就吸引了我的全部注意力。

跳完舞之后，众舞女入座侍酒，而王朝云恰恰坐到了我的身边。这时的她已换了衣妆：黛眉轻描，朱唇微点，一身衣裙素丽淡雅，眼波流连，楚楚动人，比我所见到的其他舞

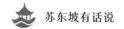

女更是别有一番韵致。

那一刻,仿佛有一股幽兰的清香,沁入我的心脾。

后来,我便纳了朝云为妾。事实证明,朝云的确是我的红颜知己,在我颠沛流离的后半生,是朝云伴我度过了最为困难的日子。

我在杭州做了三年通判,虽然仍处于新法的阴影下,但我却能找到自己的快乐:交友唱和,登山游湖,拜寺理禅,又有佳人相伴,过得倒也自在。

三年的日子里,我已把杭州视为我的第二故乡。

杭州飞来峰

君不见,钱塘湖,钱王壮观今已无。

屋堆黄金斗量珠,运尽不劳折简呼。

四方宦游散其孥,宫阙留与闲人娱。

盛衰哀乐两须臾,何用多忧心郁纡。

溪山处处皆可庐,最爱灵隐飞来孤。

乔松百尺苍鬐须,扰扰下笑柳与蒲。

高堂会食罗千夫,撞钟击鼓喧朝晡。

凝香方丈眠氍毹,绝胜絮被缝海图。

清风徐来惊睡余,遂超羲皇傲几蘧。

归时栖鸦正毕逋,孤烟落日不可摹。

　　　　——苏轼《游灵隐寺得来诗,复用前韵》

　　飞来峰位于杭州北高峰东南,隔冷泉溪与灵隐寺相望。

　　飞来峰,又称灵鹫峰。东晋印度高僧慧理来到杭州见到此峰,感叹:"此为天竺国灵鹫峰小岭,不知何以飞来?"飞来峰由此得名。

　　飞来峰风景幽美,无石不奇,无树不古,无洞不幽。

　　飞来峰海拔 168 米,石灰岩山体,因长期受地下水溶蚀,形成许多山洞,传说中有 72 洞,佛龛因势而刻。但由于年代久远,水滴石穿,大多溶蚀垮塌,目前只剩余十几个大洞。飞来峰造像是东南地区最大的佛教造像遗存,也是全国最大的汉藏风格并存的造像群。

　　中国的石窟造像起源于北魏,鼎盛于隋唐时期,且以北方地区为主。南方多建寺庙,五代之后石窟造像逐渐稀少。飞来峰造像年代在五代至明代,数量上虽以北宋居多,也有不少元代作品。现存造像328尊,大多保存较为完好,在中国的佛教艺术史上占据十分重要的地位。

杭州,历来是文人墨客的聚集之地。历史上,有关飞来峰的诗文可以说是琳琅满目。

苏轼的长诗《游灵隐寺得来诗,复用前韵》共10联20句,有"溪山处处皆可庐,最爱灵隐飞来孤"的诗句,作于宋神宗熙宁五年(1072)初。

北宋诗人郭祥正写下一首小诗《和杨公济钱塘西湖百题·龙泓洞》,全诗仅20字:"洞口无凡木,阴森夏亦寒。曾知一泓水,会有老龙蟠。"

王安石《登飞来峰》更是千古绝唱:"飞来山上千寻塔,闻说鸡鸣见日升。不畏浮云遮望眼,自缘身在最高层。"这首诗充分体现了宋诗蕴含哲理的特征。

官场太守篇

"圣旨到!"

那是一个晴朗的午后,一位小公公到我家宣旨:"……升苏轼为密州知州,即日起程赴任……"

密州知州? 我又升官了?

从通判到知州,好像确实是升了,可是一想到要离开杭州,我还真有些舍不得,尤其舍不得众位诗酒唱和的朋友和美丽动人的西湖。

但想到我终于可以做太守(知州)了,地方的老大,那种独掌一切的感觉还是令人向往的,至少我也可以有更大的权力与更多的机会为百姓做点实事。更重要的是,我的弟弟子由正在山东为官,离弟弟也更近了一些。想到这些,我就迫不及待地想去赴任了。

一路奔波就不说了,总之旅途还是很顺利的。

这次到了密州,非常出乎我的意料,迎接我的竟然是铺

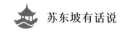

天盖地的蝗虫!

那蝗虫黑压压的,遮天蔽日,所到之处草木不留,这是很恐怖的一种场景。

还没到衙门呢,我就等不及了。这可怎么得了?这么多蝗虫,不用多久就能把所有的麦苗吃得精光!老百姓没了粮食,都逃走了,我这太守岂不成了光杆司令?不可不可,万万不可!

没等进太守府,我就赶忙先到蝗虫重灾区,指挥抗灾去了。幸亏本大学士博学多识,略知一些抗蝗灾的法子。看来平时多读点书还是很有必要的,书到用时方恨少。

到了重灾区,我先指挥民众在荒草地上采取烟熏、火烧的办法对付蝗虫,蝗虫犹如下雨般纷纷落下。

但这些恶虫却留下了很多活卵,然后我再命令一部分人把蝗虫堆起再烧,烧不尽的深埋于地下,以免再生小虫。

我不断在各县奔走,因地制宜地指导各县区灭蝗。由于军民一心,众志成城,经过一百多天的奋战,总算把蝗灾控制住了。

我在筋疲力尽的同时,总算松了口气,之后才返回太守府。

谁知我到了门口,衙役却不让我进去。

"哪里来的野鬼?闷着头就往里闯,也不看看这是哪里!"

野鬼?这不识抬举的奴才骂谁呢?

你看我仪表堂堂,浑身上下——我低头看了一下自己;

衣衫褴褛,这个地方被划破了,那个地方被烧掉一块,还有,头发蓬松,胡子也烧得焦一簇、卷一簇的,好像确实有点像野鬼,我不禁哑然失笑。

我正低头看自己的"光辉形象",却听见一声娇呼:"老爷回来了!"

我抬头一看,原来是朝云。那衙役一听,顿时吓得跪在地上,连连认错,我也不去管他,毕竟不知者不怪嘛!再说,看到我的朝云,哪儿还有心思管你。

我刚把蝗灾对付过去,就又收到有人递上来的状纸,说是安抚司假借捉拿盗贼之名,先栽赃陷害平民百姓,再借搜查之名搜刮民财,已导致一方百姓怨声载道。

当日我在公堂上接到这一状纸,刚想下令严厉查办,却见公堂之上的衙役都神情紧张地看着我,有几个贼眉鼠眼的还相互传递眼神。我心下生疑:莫非这公堂之上就有犯法之人?

为了不打草惊蛇,我故意不动声色地把状纸扔到一边,说:"不可能有此事!"

我偷眼望去,看见那几个衙役果然大大地松了一口气,有人还窃窃发笑。

退堂之后,我便召集了随我抗灾的另一伙人马,安排他们悄悄跟踪那几个可疑的家伙。果然不出我所料,他们一伙以为我不管此事,便又故技重演。就在他们强取民财之际,我带着神兵突然降临,将他们一网打尽。

又为百姓做了一件实事!

灭了蝗灾、剿了贼寇,已是次年即熙宁八年(1075)冬天。

在一个晴好的午后,我突然很想打猎,便换了一身戎装,牵了猎犬,擎着苍鹰,率领当地驻军进山了。

你别说,那感觉还真有点像将士出征。做了一辈子文人,第一次佩剑携弓,激发了我的满腔豪情,于是在打猎之后,我写下了《江城子·密州出猎》:

密州出猎

老夫聊发少年狂,左牵黄,右擎苍,锦帽貂裘,千骑卷平冈。为报倾城随太守,亲射虎,看孙郎。 酒酣胸胆尚开张。鬓微霜,又何妨!持节云中,何日遣冯唐?会挽雕弓如满月,西北望,射天狼。

可以说,我的词风是在密州时正式形成的,而这首激昂慷慨的《江城子·密州出猎》就是公认的第一首豪放词。

我对这首痛快淋漓的词作颇为自得(有点不够谦虚,呵呵),在给友人的信中,我曾写道:"近却颇作小词,虽无柳七郎(柳永)风味,亦自是一家。呵呵。数日前,猎于郊外,所获颇多。作得一阕,令东州壮士抵掌顿足而歌之,吹笛击鼓以为节,颇壮观也。"

我的这首词一反"诗庄词媚"的传统观念,"一洗绮罗香泽之态,摆脱绸缪宛转之度",拓宽了词的境界,树起了词风的另一面大旗。

这首词姿态横生,纵横奔放,气象恢宏,令人"觉天风海雨逼人","指出向上一路,新天下耳目",充满了阳刚之美,难怪它会成为千古传诵的名篇佳作!

后来闲暇之余,我又想挑战一下建筑,便自己构思草图,并亲自选材施工,圆了我本在凤翔时就有过的梦想:自己建一座高台。

在我的亲自督导下,高台很快就修葺好了,上面还有几栋房屋。这时弟弟子由已在齐州(治所在今山东济南)做官,我便写信给他,让他为台起名字。

不久,弟弟便回信,引用老子的话"虽是荣观,燕处超然",取名"超然台",并写下了《超然台赋》。

不谋而合！我非常喜欢这个名字，便又写了《超然台记》。其核心就是表达一个人要游于物外，不要被名利所累所困，要超然豁达。

后来我常和同僚、朋友在此饮酒唱和，渐渐地，超然台便成为文人雅士聚会休闲的场所，类似现在的茶楼会所。

经过一年多的紧急治理，密州各方面的工作初见成效，百姓生活有所提高，社会治安有所好转，我也乐得清闲一下。

又是一年中秋，我在太守府宴请大家，宴罢，想起远在他乡的弟弟，不免思念倍增，望着窗外皎洁的明月，却让我倍感冷清。一首《水调歌头》终于在我的妙笔之下面世了，这首词恰切地描绘了我当时的心情：

《水调歌头》图

丙辰中秋,欢饮达旦,大醉,作此篇,兼怀子由。

明月几时有?把酒问青天。不知天上宫阙,今夕是何年。我欲乘风归去,又恐琼楼玉宇,高处不胜寒。起舞弄清影,何似在人间。 转朱阁,低绮户,照无眠。不应有恨,何事长向别时圆?人有悲欢离合,月有阴晴圆缺,此事古难全。但愿人长久,千里共婵娟。

这首词仿佛是在与明月对话,在对话中探讨着人生的意义,既有理性,又有情趣,其中蕴含了我乐观而旷达的情怀,颇耐人寻味。

后来,宋代胡仔在《苕溪渔隐丛话》中说:"中秋词自东坡《水调歌头》一出,余词尽废。"认为这是写中秋最好的一首词,不谦虚地讲,此说是比较恰当的。这首词当然也受到后世人们的无比推崇。

济南灵岩寺

灵岩寺位于山东省济南市长清区万德街道,地处泰山西北。

灵岩寺历史悠久,始于东晋,兴于北魏,盛于唐宋,底蕴丰厚,被誉为山东唯一名刹。

东晋时期,僧人朗公始建寺院在此说法时,传闻山上乱石也在点头,故称"灵岩"。北魏孝明帝时期,法定禅师重建。现存灵岩寺是唐贞观年间(627—649)慧崇高僧建造,历代又不断修葺增建。在历朝历代官府的庇护下,僧伽繁盛,香火兴旺,最盛时殿阁40余座,禅房500多间,僧侣500余人,形成了规模宏大的古建筑群。唐宋时期,与天台国清寺、荆州玉泉寺、金陵栖霞寺同称"城中四绝",并称"天下四大名刹",灵岩寺名列其首。明代学者王世贞有"灵岩是泰山背最幽绝处,游泰山而不灵岩,不成游也"之说。至清乾隆年间仍有殿宇36座,亭阁18座。

唐高宗以来,历代帝王到泰山封禅,也多到寺内参拜。清乾隆帝在灵岩寺建有行宫,巡视江南时曾八次驻跸灵岩寺,并作诗多首。

现存建筑多为明清时期遗存,有天王殿、大雄宝殿、千佛殿、钟鼓楼、五花阁、御书阁、辟支塔、墓塔林等。同时,灵岩文物古迹丰富,有积翠证明龛、墓塔林、五花殿石柱、千佛殿内精美生动的宋代彩塑,以及一大批珍贵的碑碣,如灵岩寺颂碑、灵岩寺田园记碑、大元国师法旨碑、十方灵岩寺碑、息庵禅师道行碑、肃公禅师道行碑等。这些由僧人、官吏、文人等留下的碑铭,记载了灵岩寺发展历程和知名僧人的生平事迹,历史价值和艺术价值较高。

1936年,《中国营造学社汇刊》第六卷第二期发表梁思成、林徽因、刘敦桢等对山东省古建筑的调查报告:"长清县灵岩寺宋代(明重修)千佛殿辟支塔及五花殿遗址……唐代法定塔及惠崇塔,并宋元明累代墓塔一百四十余座。"

1982年,国务院公布灵岩寺为第二批全国重点文物保护单位;现为国家4A级景区,是世界自然与文化遗产泰山的重要组成部分。

灵岩寺的山色风光和高塔殿宇,吸引了历代文人墨客的目光。苏轼和苏辙兄弟,也在此留下了名篇佳作。

苏子由《题灵岩寺》诗刻碑,是元丰二年(1079)正月苏辙(字子由)手书题灵岩寺诗。

在灵岩寺千佛殿西侧墙上,镶嵌着一通诗碑:"醉中走上黄茅岗,满岗乱石如群羊。岗头醉倒石作床,仰视白云天茫茫。歌声荡谷秋风长,路人举首东南望,拍手大笑使君狂。苏轼"。清道光年间王镇辨误"大抵后人所为,寺僧不知,遽以刻石"。

无论真假,因为弟弟苏辙在济南做官,苏轼还有与灵岩寺打过照面的。熙宁九年(1076),苏轼调离密州,路经济南,与苏辙等亲友会面,盘桓月余,曾到过灵岩寺。

密州任期结束后,我又被调往徐州任太守。虽然是平调,但徐州却比密州繁华得多,军事地位也重要得多。所以我自认为皇上还是非常器重我的。

但到徐州不久,我却遇到了前所未有的困难。

那时我才到徐州上任不久,正逢盛夏时节,连日暴雨,结果水涝成灾;又赶上黄河突然决堤,洪水滔滔,百年不遇,直逼徐州。

徐州城危在旦夕!

城里的富人们纷纷收拾东西,准备逃出城去。

我心想,这种时候,大家更需要的是信心,只要众志成城,冷静对待,一定会有办法的!当务之急便是稳定民心。

于是,我匆匆赶到城门口,挡住去路,并对要出走的人说:"你们不能走,你们一走,城里的人心必然慌乱,那样的话徐州城必然难保,大家肯定一起死! 还不如留下来,大家共同努力抗洪。相信我,我们团结一致,肯定会有办法的,我们一定要坚决守住我们的家园! 大家请放心,我一定会和大家坚守到底!"

许多人停下了脚步,表示愿意留下来跟着我干,虽然有些富人不愿意,但毕竟我是太守,一席话,他们也只好怏怏而回。

当然,面对滔滔洪水,不是几句话就可以把它吓跑的。

我冷静地想了想,城墙是拒洪的最好堤坝,但却不够坚固,所以,加固城墙将是重中之重。

想好了,我便迅速组织成千上万的百姓挑畚箕、扛沙袋,逐渐加固城墙,但速度还是比较慢。情急之下,我突然想起徐州驻扎着大量的禁军,他们虽不归我这个太守管辖,却是极好的人力资源,为何不加以利用呢?

于是,我便连夜冒雨赶到武卫营,动员禁军与百姓一起抗洪。禁军首领看我不顾个人安危,领民抗灾,感动万分,便不顾军纪,凛然说道:"太守亲自干,我们唯太守马首是瞻!"

军民一心、联合抗洪的局面就此出现。我也守在抗洪现场,亲自挑畚箕填土,军民都大受鼓舞,干劲十足。

我们还在船里装上沙袋,用绳子将船沉到城下以加固城墙。事实证明,这个方法极其有效,事后我都感觉有点崇

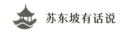

拜我自己了。

我整整在大堤上连续奋战了四十多天，和军民同甘共苦，同吃同住，几次经过家门也没来得及回去，直到洪水退去。大家是不是感觉有点像"大禹治水，三过家门而不入"呢？事实确实如此。

最后我们筑成了一条长九百八十四丈、高一丈、宽两丈的长堤，俨然一条不可跨越的屏障。那时离洪峰来到徐州只剩下最后两天了。

徐州城终于保住了！百姓们欢欣鼓舞，我也终于回到了自己的家中。

皇帝听说了此事，也下诏嘉奖我。

为了纪念这次抗洪的胜利，我决定在徐州东门修建一座黄楼（五行观念中黄代表土，而土是可以克水的）。

黄楼很快就修好了，弟弟听说以后，便写了《黄楼赋》差人送来。我读了，十分喜欢，便叫人用楷书刻在石碑上，立于黄楼，成为黄楼一景。

徐州黄楼

去年重阳不可说，南城夜半千沤发。

水穿城下作雷鸣,泥满城头飞雨滑。

黄花白酒无人问,日暮归来洗靴袜。

岂知还复有今年,把盏对花容一呷。

莫嫌酒薄红粉陋,终胜泥中千柄锸。

黄楼新成壁未干,清河已落霜初杀。

朝来白露如细雨,南山不见千寻刹。

楼前便作海茫茫,楼下空闻橹鸦轧。

薄寒中人老可畏,热酒浇肠气先压。

烟消日出见渔村,远水鳞鳞山齾齾。

诗人猛士杂龙虎,楚舞吴歌乱鹅鸭。

一杯相属君勿辞,此景何殊泛清霅。

——苏轼《九日黄楼作》

　　徐州位于江苏省的最北部,古称彭城,位列华夏九州之一,是一座历史文化名城。

　　徐州黄楼,故址在今江苏省徐州市,现重修位于今黄河南路,庆云桥东,故黄河公园内,故黄河南岸大堤上,是徐州五大名楼(即彭祖楼、霸王楼、燕子楼、奎楼、黄楼)之一。黄楼赏月,是徐州古八景之一。

> 黄楼于元丰元年(1078)二月动工,八月十二日竣工,九月九日重阳节举行落成典礼。黄楼高十丈,一楼有苏辙撰文、苏轼书写的《黄楼赋》碑,以及秦观《黄楼赋》碑、陈师道《黄楼铭》、苏轼《奖谕敕记》等刻石。二楼以上为观景、宴宾场所。庆典当天,苏轼写下《九日黄楼作》一诗。
>
> 黄楼历经千年沧桑,承受了战乱纷争、黄河改道等种种磨难,曾两次迁址,多次重建和重修。现在的黄楼为1988年重建。

元丰元年(1078)腊月,我到徐州西南的北土镇视察,偶然在它的北面发现了煤矿——这是一个重大发现。

当时的徐州是炼铁和生产兵器的地方,但全靠烧木炭炼铁,常常火力不足,而且徐州山上的树木经过多年砍伐,已所剩无几,山也快变成荒山了。

这样的话,不但炼铁的燃料成了问题,连老百姓生火做饭的木柴都出现了短缺。特别是在冬天,老百姓要顶风冒雪,到很远的地方砍木柴,腿脚冻裂,十分辛苦。为了解决燃料问题,我早就派人四处勘寻。

没想到终于被我找到,不免兴奋异常,写起诗来:

根苗一发浩无际,万人鼓舞千人看。

投泥泼水愈光明,烁玉流金见精悍。

南山栗林渐可息,北山顽矿何劳锻。

为君铸作百炼刀,要斩长鲸为万段。

　　说到我的政绩,在徐州时实在可以说是我事业的一次小高潮,让我铭记如新。

　　我在徐州任职时是四十余岁,正值年富力强,一心想要为国为民做几件大事。

　　早听说徐州是军事要害之地,被称为"京都之门"。为了加强防守,为皇上分忧解难,我经过实地考察,写了长篇奏折《徐州上皇帝书》。

　　当然,在闲暇之余,结友游览、吟诗填词也是我平生一大乐事,不论我走到哪里,都会写下大量的诗篇。虽然在徐州我忙于政务,但依然留下了一百七十多首诗词。够厉害的吧!

　　徐州任满之后,皇上又把我调到湖州,我依旧欣然从命,准备换个地方再一展身手,大干一场。

　　谁知却未能如愿,我一步踏入了人生的最低谷。

扬州瘦西湖

　　三过平山堂下,半生弹指声中。十年不见老仙翁。壁上龙蛇飞动。　　欲吊文章太守,仍歌杨柳春风。休言万事转头空。未转头时皆梦。

　　　　　　　　　　——苏轼《西江月·平山堂》

　　东南形胜,各有千秋。清代文人李斗在《扬州画舫录》评价说:"杭州以湖山胜,苏州以市肆胜,扬州以园亭胜,三者鼎峙,不分轩轾。"进而认为"扬州以名园胜,名园以叠石胜"。个园、何园、冶春园,奇巧的假山,玲珑满园。假山在飞檐翘角下,与山水相依,其堆叠之精、构筑之妙,无不登峰造极。

　　扬州人文荟萃,历史文化积淀深厚,因此,扬州园林的人文精神尤为特出,其园林之胜,胜在源远流长的人文景观,胜在自然山水与人文传统的有机结合。现代学者钱穆先生指出,人文传统是与自然条件紧密相联的:"中国人之宫室庭园,家屋居住,莫不有人文精神寓其内……中国之名山大川,古迹胜地,亦皆人文化。不深入中国之人文传说,而漫游中国之山川胜地,斯亦交臂失之。"

位于江苏省扬州市西北部的瘦西湖,原名"保障湖",因湖面瘦长,清代改称"瘦西湖"。

清初吴绮《扬州鼓吹词序》记载:"城北一水通平山堂,名瘦西湖,本名保障湖。"乾隆年间,钱塘人汪沆到此游览,饱览美景,赋诗写道:"垂杨不断接残芜,雁齿红桥俨画图。也是销金一锅子,故应唤作瘦西湖",瘦西湖因此得名。

瘦西湖水系纵横,与大运河水源互通。一湖碧水,窈窕曲折,大致呈直角状,从而形成带状景观。

瘦西湖自隋唐以来,历代营建,形成长堤春柳、荷蒲熏风、松柏竞翠、四桥烟雨、白塔晴云和水云胜概等主要景区。如今湖边的各个景点,如徐园、小金山、钓鱼台、五亭桥、二十四桥、玲珑花界、熙春台、望春楼、凫庄、万花园等名园胜迹,犹如秀美的国画长卷,在游人的脚步下徐徐展开。

蜀冈风景区由东峰、中峰、西峰组成,东峰、中峰有千年古刹大明寺、观音禅寺,更有平山堂、谷林堂、欧阳祠、鉴真纪念堂等人文景观,西峰自然风光秀丽。

平山堂位于大明寺侧，始建于宋仁宗庆历八年（1048），为时任扬州知府欧阳修所建。平山堂环境清幽古朴，堂上所见山峰似与堂平，因而得名。欧阳修常常携友来此聚会，饮酒赋诗，他写下词作《朝中措·送刘仲原甫出守维扬》："平山阑槛倚晴空，山色有无中。手种堂前垂柳，别来几度春风。文章太守，挥毫万字，一饮千钟。行乐直须年少，尊前看取衰翁。"

宋元丰二年（1079），苏轼自徐州移知湖州，路过扬州。这是他第三次登临平山堂，作了一首《西江月·平山堂》。

后人以"平山堂"为景区名，包括西园、天下第五泉、谷林堂、乾隆御碑等。

第四章

仕途惊变

可怕的"乌台诗案"

历史上最有名的冤案之一——"乌台诗案"说的就是老夫。

说起"乌台诗案",我可是最有话语权的,当时是有冤无处申,现在终于有机会发泄了。

我这个人呢,确实有点守旧,接受新事物的能力比较差,对王安石的新法没多少好感。我就想说说自己心中的不满,祸从口出,自古如此,但我还是忍不住要说。

说了要杀头,不说要憋死!

不在郁闷中憋死,就在郁闷中爆发!

我没有选择憋死,也没有选择爆发,我能选择的只是写诗。但是我的诗文给我惹了大麻烦!虽然我的诗文实在是无心之作,但有些奸佞小人翻出我写的《湖州谢上表》,以讥讽时政、诽谤新法的罪名逮捕了我。

文字狱在中国历史上又一次上演,而且是发生在老苏我的身上!

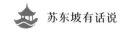

看来我要倒霉了。倒霉也罢,我的事迹又要被当作典型载入史册了。

这也算是不幸中的万幸吧!

名人都是这么炼就的。

元丰二年(1079)七月,我在湖州做太守时被抓走,当时把我吓得不轻。我被押赴京城受审,一路上,虽然是免费的车子,但是,没有现代的警车好啊!现代的警车门一关,外面的人什么都看不见。大名鼎鼎的苏轼坐在囚车里一路示众,那才叫丢人呢!

到达京城之后,我被关押在御史台,也就是赫赫有名的"乌台",这里是专门关押要犯的牢狱。

"乌台"有深井一样的地牢,常年不见太阳,阴暗、潮湿,陪伴我的是那些蟑螂、跳蚤、老鼠。监狱外面是大山,山上长了几棵老树,上面住了一群乌鸦,没白没黑地呱呱乱叫,叫得我心烦意乱,就像那些奸官狱吏一样,不分昼夜、使出浑身解数干坏事,这也就是"乌台"的来历了。

黑狱,标准的黑狱啊!一群"乌鸦"办案,能办出什么好案来!

据京城里流传,这里发生了许多恐怖的故事,半夜经常会有冤鬼出没。这里别说是人,就连鬼都不愿去!也就是后来明朝的"诏狱"能和它有一拼。

不是我抱怨,当时我真的不知道我苏轼还有没有活着出去的那一天!

　　我苦命的生活由此开始了……

　　我被关在这里三天两头遭受严刑拷打,什么类似老虎凳、辣椒水、挨板子、夹手指的刑罚都尝了个遍,现在想想都后怕。

　　那些政敌兼小人把我的罪名罗列了一大筐,明显想置我于死地。

　　我感觉生死未卜,一日数惊,等待最后的判决。大儿子苏迈每天到监狱给我送饭。由于我们父子不能见面,所以早在暗中约好:平时只送蔬菜和肉食,如果有死刑判决的坏消息,就改送鱼,以便心里早做准备。

　　一天,苏迈因银钱用尽,需出城去借贷,便将为我送饭的事托付给了一个亲戚,但他忘了告诉亲戚我们的暗中约定。而那个亲戚为了给我改善一下伙食,在送饭时特地给我送来了一尾精心烹制的鲜鱼。

　　真是典型的好心办坏事!害我不浅!

　　我一见惊恐万分,以为自己凶多吉少,马上就要到另一个世界报到。想到要当冤死鬼,我非常伤心,再也见不到我的弟弟子由了!唉!我在监狱里痛哭流涕,给弟弟子由写下了两首诀别诗:

其一

圣主如天万物春,小臣愚暗自亡身。

百年未满先偿债,十口无归更累人。

是处青山可埋骨,他年夜雨独伤神。

与君今世为兄弟,又结来生未了因。

其二

柏台霜气夜凄凄,风动琅珰月向低。

梦绕云山心似鹿,魂惊汤火命如鸡。

眼中犀角真吾子,身后牛衣愧老妻。

百岁神游定何处,桐乡知葬浙江西。

在这两首绝命诗中,我除了哀叹自己不幸的命运,还向弟弟子由交代后事,讲述兄弟情谊。

写完后,我长舒一口气,把它交给了狱吏,狱吏又转交给了神宗皇帝。按照规矩,诗要先交给皇帝过目,才能转给犯人的亲属,可能是考虑到里面会有反动言论的缘故。

没想到,弄拙成巧。

原来,神宗皇帝很早就欣赏我的才华,用"拜倒"一词也不过分。其实,他并没有将我处死的意思,只是想借此挫挫我的锐气。他读了我的绝命诗,感动之余,也不禁被我如此的才华所折服。再加上当朝有很多人为我求情(人缘好,才是真的好),连老对头王安石也劝神宗:"岂有圣世而杀才十者乎?"所以,我的处境慢慢好转。

至少有一点是肯定的:一旦皇帝过问,就有得救的希望了。

但这群想置我于死地的老乌鸦怎肯轻易放过我?我在《王复秀才所居双桧二首》里写过两句诗:"根到九泉无曲处,世间惟有蛰龙知。"他们就翻出来大做文章,到皇帝面前挑拨离间:"陛下飞龙在天,而苏轼以为您不了解他,反而欲求知于地下的蛰龙,这岂不是有不臣之心吗?"

好在神宗英明:"诗人之词怎么可以这样理解呢?他咏桧树,和我有什么关系?历史上称龙的人多了,荀淑的儿子称八龙,诸葛亮不也被称为'卧龙'嘛!"

在皇帝面前告状的人只好无奈地点头称是,皇帝都发话了,他们也不能有眼不识泰山,得抓紧见风使舵啊!

算他们聪明! 一群马屁精。

皇帝对我的"诗案"也没有看得太重,让我吸取教训,收敛一下就算了。

还有一条,政府的政策救了我:宋朝有不杀士大夫的惯例。

"乌台"那帮人岂能善罢甘休?把我抓入监狱折腾了整整一百三十天。

这就是所谓的死罪可免、活罪难饶吧!

皇帝最终下令对我从轻发落,贬我为黄州团练副使。

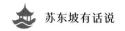

我又像皮球一般被踢出了京城。

轰动一时的"乌台诗案"就此结束,而我的这两首"绝命诗"也广为流传开来!

怨不得老子说:"祸兮,福之所倚。"

贬谪黄州

终于离开了"乌台"那个鬼地方,出狱后我和家人难得团聚,共诉相思之苦。

我还清楚地记得,那一天是元丰三年(1080)的正月初一,满城沉浸在节日的喜庆之中,而我们却黯然顶风冒雪,奔赴黄州(今湖北黄冈)。

黄州在大江之滨,地势高低不平。我虽然被贬谪了,但照例上了谢表,这次的谢表在语气上和《湖州谢表》不同,但毫无乞怜之态。

乌台的折磨,贬所的荒远,一路上还有御史台的差役押送,从三州太守一变而成戴罪之身。

造化弄人,天壤之别!

普通人很难承受这个巨大的精神压力,谁能泰然处之?

但我苏轼怎是普通人!

"莫听穿林打叶声,何妨吟啸且徐行。竹杖芒鞋轻胜马,谁怕？一蓑烟雨任平生。"

管他的，走自己的路，让别人说去吧！

我是苏轼，我怕谁！

自力更生之道

　　但是,在黄州我这个"团练副使"(类似现在的县武装部副部长)只是个闲职而已,不得签署公事。也就是,没有任何实际权力。

　　这对我来说是一个沉重的打击,我的理想破灭了。

　　我自嘲道:"自笑平生为口忙,老来事业转荒唐。"

　　客走茶凉,大家不理我,我也不愿理他们,对我这样一个喜欢热闹的人来讲,生活确实有几分寂寞。

　　家人刚到黄州时,像我这样的官员既无权享受政府提供的住宅,也没有住房补贴,我们一家二十多口人就挤在江边一个原属官府的水上驿站——临皋亭里,那个地方不仅潮湿、闷热,而且拥挤不堪。先凑合着吧,谁不想住豪宅?但住豪宅是有条件的。

　　都是钱少惹的祸!

　　不仅如此,在生活上,我也遇到了前所未有的困难,按照朝廷的规定,像我这样的小官,除了一份微薄的实物配给之外,是没有正常的俸禄(工资)的。过了没多久,我就缺钱了。郁闷啊!不过,这也难不倒我,有钱嘛就花,没钱嘛就计划着花、少花。

人是铁,饭是钢,一顿不吃饿得慌。钱可以不花,饭不能不吃。怎么办呢?总不能让一家老小跟着我受苦吧?

聪明的我终于想出了一招:自力更生,丰衣足食!

东坡笠屐图

为了补充生活的不足,我申请了好多次,托了很多朋友,当地政府才批了五十余亩废弃的坡地给我。

患难见真情!在这个过程中,老朋友马正卿可是帮了我的大忙了。

有了自己的土地,就可以过日出而作、日落而息的生活了。

我的这块宝地

坐落在黄州城东门外，文人嘛，总想搞得雅一点，我就为我这块宝地取了个雅名，叫"东坡"。

这年头，大家都在忙住房问题，那时候我也不例外。大雪严寒也挡不住我盖房的热情，第二年正月，我选了一块地，找了个风水先生看了一下，就建了一所属于我自己的房子，并在房内的墙壁上画上了自己喜欢的雪景，美其名曰：雪堂。

再也不用住在被人歧视的棚户区了。有房子住了，我忍不住要高兴一回，便以"东坡居士"自居。

没想到，这个名字竟引起了轩然大波！在一般文人看来，开荒种地本来就是很不体面的事情，不过是一块废弃的坡地，却偏偏叫什么"东坡"；一介小官，被贬一隅之地，穷困潦倒，却要自称什么"居士"，简直是不以为耻，反以为荣！看来我在同行中的影响还是蛮大的，否则他们也不会有这样强烈的反应了。

我理解他们的心情，也理解他们对我的误解。

土不在贫，建房则富；房不在陋，有我则名！

这就是我苏轼的与众不同之处，当然，"苏东坡"的大名就从这里慢慢叫响了。

后来的事实证明，我起的这个名是非常富有远见的，它在民间的影响可要比父亲给我起的苏轼这个名大了去了！知道苏东坡的人比知道苏轼的人更多，以至于有的人只知

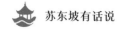

道苏东坡,而不知道苏轼是何许人也。

我不是乱说,确实是有根据的。

我听说如今有家电视台举办文化知识大赛,曾出过洋相——

主持人问:"有一首词叫《念奴娇·赤壁怀古》,词中有'大江东去,浪淘尽,千古风流人物……'请问,该词的作者是谁?"

抢答者回答:"苏轼。"

主持人竟得意地宣布:"错!不是苏轼,是苏东坡!"

观众不禁愕然。

我非常生气,竟如此无知!

料想千年以后,现代的东坡不再是荒坡了,早已布满了栋栋楼房,成为一片居民区了,但昔日这里却成就了一代文豪。

真是不好意思,再次打乱大家的思路。一说到我,特别是我的名字在后世的影响,我就特自豪,有点刹不住车。现在言归正传!

民以食为天,有了地,就要好好耕种。说起种地,我需要学习的地方有很多。幸好我比较和善,甘于虚心请教,积极向农民朋友学习种地知识,有几个好心的农民也主动来教我农业技术,我学得很快。

我亲自种出的小麦,在第二年春天返青了,绿油油的一片。看着自己的劳动果实,心里那个舒服啊！当地的老农却告诉我:"麦子不能发得太茂盛,你打算有好的收成,必须时常在麦地里放放牛羊。"

我稍露才华,幽默了一下,用诗回答说:"再拜谢苦言,得饱不敢忘。"

高兴归高兴,大家都知道,政府补给我的地是废弃的、没人要的地,当时也没有化肥,产量很低,所以收成不好,常常不够吃。

怎么办呢? 我又发挥了自己的特长,写了一篇《节饮食说》,贴在墙壁上,作为养生补气的座右铭,勉励自己及大家节约粮食、合理搭配饮食。我觉得我写的这篇文章源于现实,很有借鉴意义,有必要把大致的意思告诉后人:

> 从今天起,我早饭晚饭只喝一杯酒、吃一块肉。如果有尊贵的客人来我家拜访,摆上盛宴,我也最多喝三杯酒、吃三块肉而已,酒肉的数量只能减少、不能增加。如果有朋友邀请我,我也会事先把我的这个要求告诉主人,如果主人不听,非要大摆宴席的话,我干脆不去赴宴。这样做,一来安分养福气,二来宽胃养神气,三来省钱养财气。

我是美食家

黄州磨炼了我，黄州成就了我，黄州还让我成了美食家。

人人爱吃、爱不释嘴、飘香全国的"东坡肉"就是我在黄州时亲手制作发明的，不过，也是无心之作，待我细说。

我非常喜欢吃猪肉，当时黄州的猪肉特便宜，来了客人我就用猪肉招待。

有一次，家里来了客人，我就又去买了一块肉招待客人，把肉放到锅里，放上水和调料后，用微火慢慢煨着，便和客人下起棋来。我们兴致很高，下完一局后，我才忽然想起锅里还煮着肉呢！

当时我非常着急，本以为锅里的肉早就烧焦了，急急忙忙跑进厨房。让我吃惊的是厨房内香气扑鼻，打开锅盖一看，猪肉色泽红亮，酥烂而形不碎，吃了一口，味道醇香可口，糯而不腻，得到了客人的高度评价，我也由此得到了启发。在以后吃肉时还是如法炮制，结果我成功了，做出的肉美味可口。

美味本天成,妙手偶得之!

我这个人向来是很有奉献精神的,没有申请专利,从中牟利,而是细心总结了做肉的方法,写成了菜谱《猪肉颂》:

> 净洗锅,少著水,柴头罨(覆盖)烟焰不起。待他自熟莫催他,火候足时他自美。黄州好猪肉,价贱如泥土。贵人不肯吃,贫人不解煮。早晨起来打两碗,饱得自家君莫管。

菜因人传,我的人格魅力是无法阻挡的,我创制的这道菜也理所当然被誉为"东坡肉"。我的菜谱是公开的,人人都可以学,这也是"东坡肉"享誉全国的重要原因。

后来,随着我的升迁,此菜传遍大江南北,相继被介绍到苏、杭等地。盛而不衰的"东坡肉",流传久远,到现在已有近千年的历史了。

当然,作为一位美食大家,以"东坡"命名的名菜还有很多,如:东坡肘子、东坡鱼、东坡豆腐、东坡饼、东坡羹、东坡酥、东坡芽脍、东坡豆花等,我也留下了许多有关美食的诗歌及文章。这里就不细说了,免得读者诸君食欲大开,都放下书本跑饭店了。

还是继续咱们的精彩故事吧!

"知我者，唯有朝云也"

被贬黄州，我爱慕已久的王朝云也随我到了这里。她长大了，变得更加温婉贤淑、漂亮动人，我俩情投意合，很快，我就娶她为妾。

朝夕相处，我发现，她不仅美丽非凡，而且心地善良、沉静稳重、聪颖好学、"敏而好义"，她对我崇拜、敬爱、忠贞，是真正了解我的红颜知己。

有一次，我下班回家，饭后在庭院中散步，突然指着自己的腹部问身边的侍女："你们说我这里面装的是什么？"

一位侍女答道："您肚子里都是锦绣文章。"

没有新意，我不以为然。

另一位侍女说："您肚子里都是非凡见识。"

我摇摇头，这时朝云微笑着对我说："大学士一肚皮的不合时宜。"

我听了捧腹大笑，说道："知我者，唯有朝云也！"

从此,我对朝云更加爱怜。

有这样一位红颜知己,我很幸运!

无论是在杭州,还是官迁密州、徐州、湖州,被贬黄州,乃至以后的凄凉岁月,朝云始终紧紧相随,无怨无悔。

在黄州的日子,用一个字来形容就是"苦"。有了朝云的陪伴,清苦的日子多了几分安慰。

元丰六年(1083),她为我生了一个儿子。此时我已四十八岁,老年得子,我十分高兴,给儿子取名"遁",小名"干儿"。干儿出生后满月洗身,我想起昔日的名噪京华,而今却"渐不为人识",为此,我写了一首《洗儿戏作》:

　　人皆养子望聪明,我被聪明误一生。

　　惟愿孩儿愚且鲁,无灾无难到公卿。

但愿我的干儿不要像我一样,遭受太多的仕途磨难,聪明反被聪明误!

可干儿没过多久就夭折了,我痛心疾首,而朝云更是悲痛欲绝,天天以泪洗面。

那段时间,我实在不忍看到朝云的难过与憔悴。

赤壁情怀

一到黄州,我就与赤壁结下了不解之缘。

东坡赤壁图

162

周瑜火烧赤壁,那熊熊烈火也点燃了我的万丈豪情。

赤壁,是个让我创造文学奇迹的地方。

在黄州的日子,我经常到赤壁游玩,去寻找创作的灵感,如果说朝云是我生活的知己,那么赤壁就是我精神的伴侣。

这是一道天然的石壁,石壁横插江里,滔滔不绝的江水撞击着石壁,激起壮观的浪花,这种声势浩大的景象,触动了我那敏感的神经,让我想起了三国时期赤壁之战的壮阔场面,极大地震撼了我的心灵,点燃了我创作的火花。

结果可想而知,我心如潮水,汹涌澎湃,一发而不可收拾,一个不小心就写出了千古名词——《念奴娇·赤壁怀古》:

> 大江东去,浪淘尽,千古风流人物。故垒西边,人道是,三国周郎赤壁。乱石穿空,惊涛拍岸,卷起千堆雪。江山如画,一时多少豪杰。　　遥想公瑾当年,小乔初嫁了,雄姿英发。羽扇纶巾,谈笑间,樯橹灰飞烟灭。故国神游,多情应笑我,早生华发。人生如梦,一尊还酹江月。

怎么样?写得还凑合吧!光说不行,看看现在的宋词选本,看看现在的语文教科书,我的这首词如果没有入选,那是绝不可能的。

我虽然生活困难,但游山玩水的雅兴却丝毫未减。泛

舟赤壁,感悟着山光水色,创作的灵感常常被激发,奇思妙
想常常喷涌而出。除了这首词,我还写了很多赞美赤壁的
文章,其中,《赤壁赋》绝对算是千古名篇:

> 壬戌之秋,七月既望,苏子与客泛舟游于赤壁之
> 下。清风徐来,水波不兴。举酒属客,诵明月之诗,歌
> 窈窕之章。少焉,月出于东山之上,徘徊于斗牛之间。
> 白露横江,水光接天。纵一苇之所如,凌万顷之茫然。
> 浩浩乎如冯虚御风,而不知其所止;飘飘乎如遗世独
> 立,羽化而登仙。

泛舟赤壁

> 于是饮酒乐甚,扣舷
> 而歌之。歌曰:"桂棹兮
> 兰桨,击空明兮溯流光。
> 渺渺兮予怀,望美人兮天
> 一方。"客有吹洞箫者,倚
> 歌而和之。其声呜呜然,
> 如怨如慕,如泣如诉,余
> 音袅袅,不绝如缕。舞幽
> 壑之潜蛟,泣孤舟之
> 嫠妇。
>
> 苏子愀然,正襟危坐
> 而问客曰:"何为其然

也?"客曰:"'月明星稀,乌鹊南飞',此非曹孟德之诗乎? 西望夏口,东望武昌,山川相缪,郁乎苍苍,此非孟德之困于周郎者乎? 方其破荆州,下江陵,顺流而东也,舳舻千里,旌旗蔽空,酾酒临江,横槊赋诗,固一世之雄也,而今安在哉? 况吾与子渔樵于江渚之上,侣鱼虾而友麋鹿,驾一叶之扁舟,举匏樽以相属。寄蜉蝣于天地,渺沧海之一粟。哀吾生之须臾,羡长江之无穷。挟飞仙以遨游,抱明月而长终。知不可乎骤得,托遗响于悲风。"

苏子曰:"客亦知夫水与月乎? 逝者如斯,而未尝往也;盈虚者如彼,而卒莫消长也。盖将自其变者而观之,则天地曾不能以一瞬;自其不变者而观之,则物与我皆无尽也,而又何羡乎! 且夫天地之间,物各有主,苟非吾之所有,虽一毫而

我手书《前赤壁赋》部分

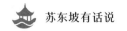

莫取。惟江上之清风,与山间之明月,耳得之而为声,目遇之而成色,取之无禁,用之不竭,是造物者之无尽藏也,而吾与子之所共适。"

客喜而笑,洗盏更酌。肴核既尽,杯盘狼籍。相与枕藉乎舟中,不知东方之既白。

后来我还写了一篇《后赤壁赋》。我可以很骄傲地告诉大家,自从有了我苏东坡的《赤壁赋》,赤壁的意义与文化内涵就不同了,赤壁也由此升值,变成了"东坡赤壁"。

现在,你如果再去赤壁,就会发现在赤壁口附近已建成了一个很大的公园,而门牌上的匾就是"东坡赤壁",公园里面还建有"二赋堂"。而今,"东坡赤壁"已经与"三国赤壁"齐名了。

除了诗文、美食,我还很擅长书法。在黄州,我的书法艺术也达到了相当的高度。我的《寒食帖》被认为是继王羲之《兰亭序》、颜真卿《祭侄稿》之后天下第三行书!

除此之外,我还是当时有名的"文人画派"的代表。我画的竹、枯树、怪石别具一格,深得行家的赞赏。

真是有失必有得!

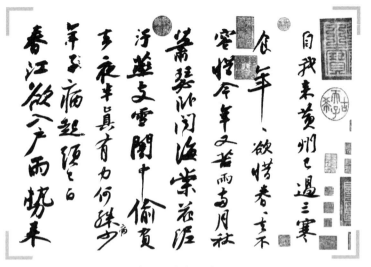

我手书《寒食帖》部分

东坡赤壁

东坡赤壁,位于古城黄州的西北边赤壁矶头,今湖北省黄冈市公园路,又名黄州赤壁、文赤壁,俗称赤壁公园,因苏东坡《念奴娇·赤壁怀古》《前赤壁赋》《后赤壁赋》而得名,现为全国重点文物保护单位、国家4A级旅游景区,也是黄冈的标志。

赤壁矶背依青山,面临长江。如今,东坡赤壁风景区有剪刀峰、白石龟、二赋堂、东坡陈列馆、栖霞楼、留仙阁、碑阁、酹江亭、坡仙亭、睡仙亭、放龟亭、问鹤亭等景观,以及月波摇影、栖霞挹爽、东坡问天、龙崾山松声、竹楼夜雨、镜湖观荷、索桥飞瀑、赤壁夕照等30个主要景点。

我是名人我怕谁

我虽然贬居黄州,但我的一举一动仍然受人关注。

四个字:名人效应!

有一天,我躺在江边的小舟上休息,打了个盹,由于天气热,我就把草帽和衣服挂在了树上。当时,我可是一流的服装设计师。那天,我的打扮可能是太引领潮流了。

突然我所在的小舟没有了,大家不知道我是跑了,还是跳河了,一时谣言四起。

当时我兴致大发,还在树上顺便写了一首诗,其中有两句是:"小舟从此逝,江海寄余生。"这更引起了大家的怀疑。

消息被迅速报告给了黄州太守徐君猷,他大惊失色道:"州失罪臣,我受累也!"

此时的我毕竟是戴罪之身,太守担心我跑了他要受牵连,官位难保,就亲自展开了搜寻工作,还派人四处打听,但仍不见我苏东坡的下落,急得他是满头大汗。

顺便说一下,如果当时我能仔细观察一下他,就会把他那种心急如焚的样子描述得淋漓尽致、形象生动,留给后世享用,而现在的学生在描写一个人着急的时候,就再也不用千篇一律地使用"热锅上的蚂蚁"这类被用滥了的比喻句了。这是我的一大遗憾。

最后,他们找到船上,终于发现了我,只见我睡在船头,鼾声阵阵。他们喜出望外,如获至宝,心终于放到了肚子里。但是,我可不舒服了,他们的到来弄得我一脸迷茫,打扰了我的好梦。

好事不出门,坏事传千里。这件事传到我的一位朋友耳朵里,他便以为我死了,异常悲痛,准备到黄州来给我吊丧。

事情传到朝廷,皇上正在吃饭,听到这一消息,放下筷子,立即召见与我交好的大臣询问,并且连声叹息:"可惜,真是可惜呀!"

让大家特别是让皇帝为我虚惊一场,心里颇不宁静!

但是这一场虚惊不是没有价值的,它预示了我的好日子马上就要到来了。

第五章

再展雄风之登州篇

皇帝发威我得福

神宗皇帝对我非常欣赏,贬我只是想挫一下我的锐气,并非因我"讥讪君上",而是对我不满的人在作祟使然。

皇帝对我可是恩重如山、器重有加!他起用我的念头由来已久了,只是宰相王珪几番阻挠,未能如愿。

说起王珪,他在北宋政坛可是一个史家公认的小人。之所以这样说,倒不全是因为他在"乌台诗案"中屡屡向我下毒手。我对人的评价向来客观公正,王珪这个人以见风使舵出名,"巴结术"修炼得炉火纯青、登峰造极、出神入化!

给你讲个笑话,你就明白了。

熙宁年间,王安石当政,与王珪同时上朝。一只虱子从王安石的衣领一直爬到胡须上,神宗皇帝笑了。退朝后,王安石问王珪:"皇上何以发笑?"王珪说出虱子之事。王安石叫侍从把那只虱子捉住,正想掐死它,在这千钧一发的时刻,王珪及时阻拦道:"荆公且慢,这是一只不同寻常的虱

175

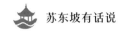

子!"王安石非常奇怪:"何以见得这只虱子不寻常?"王珪摇着头,作了几句诗云:"屡游相须,曾经御览。未可杀也,或曰放焉。"大家听了哈哈大笑,虱子得救了。

王珪巴结王安石,都巴结到他胡须上的虱子了!真是爱屋及乌、巴人及虱!

笑话讲完了,大家在前仰后合之余,也能感受到王珪的巴结逢迎之术了吧?

不仅如此,王珪在培养党羽方面也很有一套。所以,有时就连皇帝也奈何不了他。

元丰五年(1082),议修国史,神宗皇帝说:"国史大事,可命苏轼主编。"王珪面带难色,神宗马上改口说:"如苏轼不当,姑且用曾巩一试。"

店大欺客,奴大欺主。皇帝也有看人脸色的时候。

我修国史的事被王珪阻拦,神宗就降旨要起用我以本官知江州,他们还是反对。我的好事都被王珪这只老狐狸给搅黄了。

皇帝明白了,找他们商量起用我,他们是不会同意的,苏轼的才华太出众了。

老虎不发威,你当我是病猫!

元丰七年(1084)春,皇帝决定亲自书写手诏改授我到汝州。诏书上说:"苏轼黜居思咎,阅岁滋深;人才实难,不忍终弃。"

皇帝亲写诏书非同小可,常为非常恩典,不轻易使用。手诏一出,就不再商讨了,理解的要执行,不理解的也要执行。

　　总之一句话:执行没商量!

　　面对皇帝手诏,我的政敌们也只有面面相觑,可这也埋下了政敌们对我嫉恨的种子。

　　对皇帝的举动我太感动了,两晚上没有睡着觉。

　　于是,全家开始忙着收拾东西,准备离开黄州。

　　我把亲手经营的东坡农场和房屋托朋友看管。在黄州住了四年多,要走了,怎能舍得!我心潮澎湃,怀着依依不舍的心情,写下了《别黄州》:

　　　　病疮老马不任靰,犹向君王得敝帏。

　　　　桑下岂无三宿恋,尊前聊与一身归。

　　　　长腰尚载撑肠米,阔领先裁盖瘿衣。

　　　　投老江湖终不失,来时莫遣故人非。

庐山之行

离开黄州,我与好友参廖几经辗转,来到江西庐山。一进庐山,我就被山上的秀美景色吸引住了,便对我的好友参廖说:"此行专心观赏风景,绝不写诗。"

可是,我的到来被在山里游览的观光者、僧人发现了,他们一看到我,就大喊着奔走相告:"苏子瞻来了! 苏子瞻来了!"我的这些粉丝们对我的崇拜与喜爱激发了我写诗的兴致。

情不自禁,我就写了一首绝句:

青山若无素,偃蹇不相亲。

要识庐山面,他年是故人。

自昔怀清赏,神游杳霭间。

如今不是梦,真个是庐山。

芒鞋青竹杖，自挂百钱游。

可怪深山里，人人识故侯。

看到粉丝们认真记录我随口扯出的诗，我的得意之情不由得溢于言表。但是，我很快意识到自己刚才有点飘飘然，失态了。

这天，在众人的簇拥下，不知不觉我就到了开元寺。当然，对我的仰慕，开元寺的方丈也不例外，他也向我求亲笔签名的诗。我很爽快地答应了，当场笔走龙蛇，就是一首绝句：

帝遣银河一派垂，古来惟有谪仙词。

飞流溅沫知多少，不与徐凝洗恶诗。

第二天，因为急着去筠州探望弟弟，我便匆匆下了庐山。

在筠州我和弟弟把酒论诗，畅快地相处了七八天。恋恋不舍也终要分别，和弟弟在筠州分手后，佛印禅师捎信邀我同游庐山，我便迫不及待地和参寥重上庐山。

这次庐山之行，我前后逗留了十多天，山南山北都游览了一遍。最后，在东林寺住持僧人的陪同下，我游览了西林

寺,并写下了我游览庐山的最后一首诗,给我的庐山之行画上了一个圆满的句号:

庐山行

横看成岭侧成峰,
远近高低各不同。
不识庐山真面目,
只缘身在此山中。

这就是我的著名诗篇《题西林壁》——描写庐山的千古绝唱。

这就是大家,不写则已,一写惊人。

然而,"大家"在一写惊人的时候也是有条件的,我就有这样的条件。我知道,游山玩水时,只有自己内在的气势压倒对山水的崇拜、赞叹,才能写出好诗,否则是不行的。

这或许就是游庐山所写的诗中,只有《题西林壁》能流传久远的原因吧! 这个呢,可以作为经验传授给同行们。

好了,不用鼓掌了,我这人就怕被别人在各种场合以各种形式赞扬。

又转了
——登州任太守

朝廷变故多，又刮起了新政旋风。

神宗驾崩，骑鹤西去，小皇帝哲宗赵煦继位。哲宗当时只有十岁，尚是稚子。高太后摄政，改年号为元祐。

一朝天子一朝臣。高太后发起了"元祐更化"，但一人难成气候，好汉还需三个帮。高太后起用了司马光。

我的人生历史中不得不提司马光这个人，他可是提拔我的大恩人。

司马光隐居独乐园十五年，埋头写他的千古巨著《资治通鉴》。他也是王安石的死对头。这一次他临危授命，该出手时就出手，做了宰相，组织内阁，推荐人才，我的名字赫然在内；另一宰辅大臣吕公著也极力向太后推荐我。

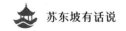

　　两名大臣的推荐,再加上我的才华横溢,博得了太后的赏识。太后对我青睐有加,便顺水推舟,任命我为登州(今山东蓬莱)知州,掌管军政大权。

新官上任，下车伊始

就这样，我做了登州的知州。

新官上任三把火，这里的贪官污吏可要倒霉了。

我为人清廉，一心为民，新官上任，接风洗尘、官场应酬的事情就全免了吧。一下马，我就深入民间、体察民情去了，多方搜集材料，整理数据，统计结果。

调查结果显示：

街上乞讨的难民很多，每条街上都有几个，百姓没活干、生活艰苦者占百分之九十，百分之九十九的人吃不上盐。

有果必有因，怎么回事呢？

原来，由于登州靠海，是食盐的生产地，靠海的百姓就靠地理优势生产盐，成了灶户（以煮盐为业的民户）。

生产盐却吃不上盐，这是任何人都无法想象的，然而，这在登州成了现实。登州的人都吃不上盐，那其他地方的

183

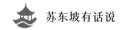

百姓呢？想到这里，我很心酸，都是榷盐政策惹的祸啊！

榷盐政策是这样的：盐由官方专卖，灶户所产之盐只允许卖给官方，而官方低价买入，高价售出，百姓用盐只能向官方购买，又怎么买得起？

看到这样的情况，我寝食难安。身为一方父母官，应该为百姓做点实事啊！于是，我奋笔疾书，写成了《乞罢登莱榷盐状》。

在奏折里，我论述了现行榷盐制度的弊端，请求官方收取盐税，而恢复食盐的自由贸易。这样既能刺激生产，又有利于民；既能解决部分人的饭碗问题，又能让百姓买到盐。两全其美，何乐而不为呢？

第二天，我上奏朝廷，朝廷批准了我的建议，蓬莱沿海灶户又重新起灶煮盐，恢复了他们以往的生活。

从此，登州有了准许老百姓自由买卖盐的政策，结束了百姓难以糊口、十室九逃荒的历史，我也由此深得百姓的爱戴。由于政策得当，一直延续到了清代末年，惠及百姓，岂止一代！

功劳恒久远，千古永流传！

老百姓吃盐的问题解决了，但是登州地处渤、黄二海，面对辽国，他们时常入侵，一时鸡犬不宁，民不聊生。

第三天，我又写了《登州召还议水军状》，提议加强教习军队水战,提高军事素质,以适应海防建设的需要,保卫国家和边防的安全。我的建议再次得到朝廷的批准。

从此,登州成了屯驻水军重兵的军事训练基地,百姓的安全得到了有力的保障。

接下来,第四天,我去查看盐场和水军训练基地,可谓日理万机!

两道奏折,切中登州要害,都被朝廷批准,这可是我苏东坡贬官黄州之后再次从政的大手笔!

但是,命运就是如此捉弄人!第四天下午,我在和随从勘察水军训练基地的时候,就收到了急报:上调回朝。

我这几天,一直忙百姓的事了,还没来得及去人间仙境蓬莱阁留下只言片语呢!

蓬莱阁一日游

时间就像海绵里的水,只要愿挤,总还是有的。

如果不去蓬莱阁一游,这对于一个文坛巨擘来说会是千古遗憾。

临行前,也就是到登州的第五天,我去了一趟蓬莱阁。

或许是我的所作所为感动了上苍,或许是蓬莱阁一定让我留下难得的一笔……本来看海市的最佳季节已经过去了,可我照样欣赏到了海市奇观。

在这个时候,面对难得的奇观,我怎能不激动,怎能吝惜我的文豪之笔呢? 我挥毫写下了《海市诗》,描述了海市蜃楼如梦如幻的奇观,并立了一块石碑,题写了"人间蓬莱"四个大字。

人们说,蓬莱阁能够与岳阳楼、黄鹤楼、滕王阁同被列入中国古代四大名楼,苏东坡的《海市诗》功不可没。

但是我要说,蓬莱阁让我看到了前所未见的奇观,我让蓬莱阁成为了名楼,可以说我们是双赢。

暴得大名不祥也!

我走了,只在登州待了不用屈指就能数的五天,我上的两道奏折,朝廷都快速审批,措施有效,实施迅速,我可谓春风得意。惠及百姓之事,百姓没齿难忘,他们感激我,还在蓬莱阁为我修了"苏公祠",来纪念我这位为民请命的好官。用他们的话说就是:"五日登州府,千年苏公祠。"

看完海市蜃楼之后,我就急忙回到了京城。在朝中,我升官了,拜为礼部郎中;不到十天,我又被迁为起居舍人,相当于皇帝秘书,成了皇帝近臣。

这或许是因为我在登州的业绩吧? 我没有多想。皇帝在提拔我之前,先把我放到基层锻炼一下,看看我有没有发展前途,看来我做得还不错。

这么高的官职,一个习惯躬耕的人怎么能享受得了?更何况,这很有可能成为别人攻击的对象。想到这里,我就胆战心惊!

于是,我接连递交了两份辞呈:《辞免起居舍人第一状》《辞免起居舍人第二状》。谁知,不但起居舍人之职没有辞掉,不到三个月,我又升官为中书舍人,负责起草诏令,参与国家机密,于是我写了《辞免中书舍人状》要求辞职,又没有辞掉。不久,我又被提拔为翰林学士,成了皇帝最亲近的顾问兼秘书,这时我写了《辞免翰林学士第一状》《辞免翰林学士第二状》。

几月之内,连升几级,青云直上!真可谓"火箭干部"。

但是,暴得大名不祥也!

这让我惊恐万分。我可不是"连升三级"的官场小人,每次升官,我都要上奏一次,要求辞职,可一律未准。

我也没有办法,不经批准,直接撂挑子可不是我苏东坡的作风。

在别人看来,这可是我一生仕途中最辉煌的时候,但我很矛盾。

王安石变法没有能达到预期目的,原先反对王安石变法的司马光,一上台就"尽废新法"。我也是反对王安石变法的,但并不是完全反对,任何理论都有它合理的成分嘛,不能一概否决。因而,我对司马光凡是王安石的变法都全盘废除、凡是王安石的党羽全部打击排斥的做法也表示反对。

王安石终于还是被打倒了,但是这并没有化解我和新任宰相司马光的矛盾。

　　这种矛盾必然会恶化,这也注定我的辉煌时日是有限的。

内鬼在，要远游

　　另外，朝廷有一帮人始终对我不满，他们几乎都以我的诗文为依据，说我"谤讪先朝""诽谤朝廷"；还有人对我的升迁由羡慕变成了嫉恨，我总能成为一部分人的眼中钉、肉中刺，对我恨之入骨的大有人在！他们从来不想怎样做好自己的事情，而是处心积虑，一肚子的坏水，利用各种手段想把我拉下台。

　　面对种种责难，我在朝中又怎能立足？还不如早离开、不要惹是生非好。于是，在我的再三请求下，皇帝终于答应我出任地方官了。

　　元祐四年(1089)，我以龙图阁学士的身份出任杭州太守，我如愿以偿，长叹一口气，终于不用过胆战心惊的生活了！

　　对这个问题，太后也有她的看法，大概她觉得我又要下基层了，很怜惜我，除了按照以前施恩的惯例赏赐了我之外,还送了我一些龙茶等礼品,算是慰问吧！她老人家对我可谓恩重如山。

蓬莱阁苏公祠

予闻登州海市旧矣,父老云:常出于春夏,今岁晚,不复见矣。予到官五日而去,以不见为恨。祷于海神广德王之庙,明日见焉,乃作此诗。

东方云海空复空,群仙出没空明中。

荡摇浮世生万象,岂有贝阙藏珠宫。

心知所见皆幻影,敢以耳目烦神工。

岁寒水冷天地闭,为我起蛰鞭鱼龙。

重楼翠阜出霜晓,异事惊倒百岁翁。

人间所得容力取,世外无物谁为雄。

率然有请不我拒,信我人厄非天穷。

潮阳太守南迁归,喜见石廪堆祝融。

自言正直动山鬼,岂知造物哀龙钟。

伸眉一笑岂易得,神之报汝亦已丰。

斜阳万里孤鸟没,但见碧海磨青铜。

新诗绮语亦安用，相与变灭随东风。

——苏轼《登州海市》

全诗借景咏怀，直抒胸臆，描绘了一幅神山海市的绝妙画卷。

蓬莱阁，自古有"人间仙境"之美誉，因"八仙过海"的传说和"海市蜃楼"的奇观而闻名，位于山东省蓬莱市城北丹崖山上。蓬莱阁始建于北宋嘉祐六年（1061），是"中国十大历史文化名楼"之一，现为全国重点文物保护单位。

蓬莱阁中的苏公祠，建于北宋元符年间，祠内有苏轼肖像刻石拓本，内外壁嵌历代刻石20余方。清代盐政碑记中记载："有宋时，苏文忠公，莅任五日即上榷盐书，为民图休息，土人至今祀之，盖非以文章祀，实以治绩也。"因此，当地至今流行这样一句话："五日登州府，千年苏公祠。"

第六章

再展雄风之杭颍篇

杭州的饥荒瘟疫之年

掐指一算,我离开杭州整整有十五年了!现在旧地重临,荣任太守,我对杭州感觉还是那么熟悉、那么亲切。

看到杭州百姓那期盼和信任的目光,我心潮澎湃,发誓一定不辜负百姓的厚望,我要与民同甘共苦,为百姓做几桩有益的事情!

上天也很配合我,刚上任,就给了我一个表现的机会,只是这个机会要拿百姓的性命来作抵押,我心痛!

我上任的第一年,恰逢江浙大旱之年,杭州一带饥荒与瘟疫并行,百姓生活困难。说好和百姓同甘共苦的,百姓有难,我心急如焚,一定要想个妥善的办法,尽快救民于水深火热之中!

我一夜未眠,写好了一封奏折,上书朝廷,请求免去杭州应上供米的三分之一;又求得了朝廷度僧牒文三百份,以换米救济百姓。

　　我还做出了一个重大决定：把修官舍的钱用来买粮赈济饥民，主张"先济饥殍之民，后完久坏屋宇"。

　　大家都知道，杭州的官舍历史太久了，是五代时的吴越王钱俶所修，至此已经破败不堪，房屋经常倒塌，曾压死、压伤多人。

我在杭州

　　官舍需要修理，这是事实，但我不能眼睁睁地看着百姓饿死！

　　先吃饭，后修房！

　　于是，虽遇饥荒之年，在我的掌控下，杭州的米价没有高涨。即便是这样，还是有很多百姓吃不上饭——没钱。

　　为了能让更多的人吃上饭，我亲自开仓放粮，设固定的地点，熬好粥，等着灾民来喝。看着前来排队领粥的灾民，看到他们喝完之后，把饭碗舔得点滴不留，我的心又一次被揪疼了……

　　饥荒，瘟疫……

由于杭州是水陆交汇之地,水旱灾害带来的疫病流行很快,如果救治不力,死亡的人可能会比其他地方多。我便招集大批良医,免费为灾民诊治,还安排了很多人做稠粥、药剂,派官吏带着医生分街治病。

一场可怕的疫情终于过去了,但我并不满足于这种临时的救治,想着应该建立一所方便民众的病坊。于是,我把官府里剩下的钱全部拿出来,又拿出自己仅有的五十两金子,建了"安乐坊",请来懂医的僧人,面向百姓,坐堂诊治。

由此,我被后世认为是我国公立医院的创始人。大家又一次记住了我苏东坡!

但开仓放粮只能救急,不是长久之计!

粮食不是天上掉下来的,光吃不生产,早晚会吃完的,积攒的粮食维持不了多久。

于是,我积极号召年轻力壮的百姓和我一起挖井,由于天气干旱,要挖出水可不是件容易的事情。

功夫不负有心人!有一天,杭州沸腾了,杭州有救了,百姓乐开了花——我们挖到了水!

之后,我们又挖了很多深井,饮水灌溉的问题终于解决了,看到枯萎的禾苗慢慢恢复了生机,看到百姓久违的笑脸,我的心里美滋滋的。

就这样,我帮助杭州的百姓度过了大灾之年。

人间天堂

世人皆知,上有天堂,下有苏杭,美丽的西湖和苏堤成了杭州的城市名片。

可是,西湖和苏堤并不是天生如此,它们的存在与一个人、一个曾经在此为官的人有着密切的关系,这个人就是我,大家是否还记得?

为官一任,造福一方,这是千百年来老百姓对为官者的希望,老百姓希望为官者真能扑下身子真抓实干,把老百姓的事当作自己的事来做。

就是秉承这一为官之道,我为杭州百姓留下了"人间天堂"。

到底是怎么回事呢?请听我慢慢道来。

回想我十五年前在杭州做通判时,就已经致力于西湖水利和杭州城市发展的调查研究了,不过刚刚准备开工,就被调走了。

那时的西湖清澈见底,湖面开阔,景色秀雅,遮盖湖面的水草只有十分之二多点。然而,我这次到杭州,水草已覆盖了湖面的一半,西湖面积不断缩小,白居易修筑的防治工程也已经基本毁坏,西湖不像西湖了,倒像一个臭水塘。对此我深感心痛。

这时候,很多官员都主张废了西湖。我坚决反对,强烈要求保留西湖。他们的反对更刺痛了我的心,我下决心整治好西湖,恢复西湖往日的美丽容颜。

做事要趁早。

元祐五年(1090)四月,我上书太后,请求朝廷批准和拨款整治西湖。我在奏章中列举了整治西湖的必要和好处:能让湖中的鱼类很好生息;有西湖山泉水供应百姓;能有丰富的湖水灌溉农田;增加运河水量,保障航运;提供酿造美酒的好水源,等等。

其他好处朝廷可以不考虑,但这最后一点必是他们关心的:酿酒业的发展直接关系着朝廷的税收。有利于充实国库的政策,大约上面都会签字盖章的。

此外,我还列出了详细的计划和工程预算,如整治项目、所需人工和经费等,并表明自己现在已经筹集了一半经费,只需朝廷再拨一半的费用(一万七千贯)就够了。

为了说服大臣们,我在同年五月份又上书,打通了门

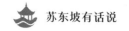

下、尚书、中书等部门。

因有太后的支持，不久我的请求便被朝廷批准了。

工程经费和开工许可证都办理稳妥了，我心里非常高兴，一鼓作气，立即招募数万民工与船夫，开始整修西湖的工作。

工程进展顺利，经过四个月的不懈努力，基本清除了湖面的水草和湖内的淤泥，修好了垮塌的湖岸。

这时难题出现了。我知道，一个完美的工程就像一个完美的故事一样，都需要有一个小小的波折，才能显示出主人公的伟大。预料之中！

否则，也不会有苏堤了！

清除的大量水草和挖出的大量淤泥、沙土往哪儿放呢？放这里，或放那里？这是一个问题！

一来，副产品垃圾太多，没地方放；二来呢，运走这些垃圾还需大量的人力、财力。在没有大型机械的年代，这些全部需要人工，朝廷拨款有限，当时我在工程预算的时候漏掉了这一项。

智者千虑，必有一失！

可我毕竟是苏东坡，头脑好用，想到了一个两全其美的办法，既可增加西湖景点，又可缩短南北两岸人们往返的距离。我就地取材，用淤泥、沙土和水草等修筑了一条湖中长堤，并在堤上建了六座拱桥，分别是跨虹、东浦、压堤、望山、锁澜和映波,还选了恰当的位置建了九座亭阁。

西湖的治理与长堤的修筑,不仅美化了湖中景色,又有利于游玩和湖上交通,所以深得杭州百姓的赞誉。看到这样的景象,我深感欣慰,并写诗云:"六桥横绝天汉上,北山始与南屏通。忽惊二十五万丈,老葑席卷苍云空。"

元祐六年(1091),我被调走之后,林希接了我的班,他为了肯定我的成果,在长堤上专门建立了纪念碑,并题名"苏公堤",这便是后人所称的"苏堤"了。

如果你去过西湖,那"苏堤春晓"这个著名的景点你是绝不会错过的。尤其是在春天,湖边桃红柳绿,莺啼燕语,美不胜收!

苏堤现在被人誉为"情人堤",苏堤为什么会有这样的美誉呢?据说,一对恋人如果步行完两千八百米的苏堤,爱情成功率会接近百分之百!

站在苏堤遥望,思绪飘向了远方,辽阔的湖水在微风的吹动下荡起层层波纹轻轻拍打着岸边,苏堤两边柳枝飘摇,绿树成荫,各种鸟类在林中鸣叫穿梭,多么美好,多么浪漫!

千百年来,西湖成就了多少名人,成就了多少姻缘啊!

山美水美人更美,人们陶醉于西湖美景的同时,始终没有忘记我,还修筑祠堂报答我,杭州的老百姓对我这个父母官不薄啊!杭州百姓还自发地在家里挂着我苏东坡的像。

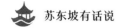

对此我感到十分欣慰！

突然，一块石头打破了湖水的平静，别人的诬陷打破了我生活的宁静。

杭州放鹤亭

放鹤亭与林和靖墓，位于杭州西湖旁的孤山上。放鹤亭，是后人纪念宋代隐士林逋（卒谥和靖）的纪念性建筑。

放鹤亭，是矩形重檐十六柱方亭，位于孤山东北角，面临里湖，遥对镜湖厅。历史上，曾多次加固维修，并补齐重刻亭前平台石栏。

鹭、鹤、鹿为古代象征祥瑞的动物。浙江还有白鹭亭、宿鹭亭、驻鹤亭、招鹤亭、来鹤亭、啸鹤亭、鹤迹亭、鹿亭、白鹿饮泉亭等。

林逋（967—1028），字君复，钱塘（今浙江杭州）人。他隐居西湖孤山，一生不娶不仕，耽于诗画，种梅养鹤，自称"以梅为妻，以鹤为子"，世人称其"梅妻鹤子"。其不慕名利、恬淡高洁的品德和隐居山林的生活方式，得到后人的尊崇。林逋"梅妻鹤子"，促进了宋朝的鹤文化。苏轼写有《放鹤亭记》，宋徽宗作《瑞鹤图》。其孤山放鹤，极大地影响了后世江南传统园林中的观鹤景观。

林逋幼时刻苦好学，通晓经史百家，精通诗词、书法、绘画。

他作诗从不留存，称："我方晦迹林壑，且不欲以诗名一时，况后世乎？"幸好身边的有心人慕其才华，偷偷记下，后人辑为《林和靖诗集》，因此如今有三百余首诗和三首词传世。诗词大多直抒胸臆，或描写西湖景色，风格清冷淡远。

书法方面，林逋工于行草，书风瘦挺劲健，笔意清劲，得到推崇。陆游叹其书法"高绝胜人"。苏东坡赞曰："诗如东野不言寒，书似西台差少肉。"明代沈周也大加赞赏："我爱翁书得瘦硬，云腴濯尽西湖绿。西台少肉是真评，数行清莹含冰玉。宛然风节溢其间，此字此翁俱绝俗。"林逋存世书法作品稀少，仅有三幅。

不在诬陷中爆发，就在诬陷中倒霉
——子虚乌有的罪名

　　元祐六年(1091)春,我被召回京师,任吏部尚书、翰林学士,而此时弟弟子由也担任要职(尚书右丞),这引起了一些小人的猜忌与恐慌。

　　他们就想再次用诬蔑的方式置我于死地。

　　欲加之罪,何患无辞!

　　欲加之辞,何患无罪!

　　于是,有人向皇上告状,说我有"怨诽先帝"的大罪! 他们的理由仍是我的诗句。

　　元丰八年(1085)五月一日,我路过扬州,写了《归宜兴留题扬州竹西寺三首》,其中第三首写道:

> 此生已觉都无事,今岁仍逢大有年。
>
> 山寺归来闻好语,野花啼鸟亦欣然。

这些小人就抓诗中的"把柄"，说什么元丰八年是神宗、皇帝驾崩的"国丧年"，而苏东坡竟然说"山寺归来闻好语，野花啼鸟亦欣然"！这不是盼望皇帝早日归西吗？

　　无稽至极！无耻至极！

　　这首诗本是我在宜兴置好房产，心里很高兴，之后才写的。而这些小人竟然这样歪曲这首诗，岂有此理！我赶紧写奏折辩诬，说明神宗仙逝是在三月，而自己写诗是在五月，所谓"闻好语"是指百姓对新即位的哲宗皇帝的赞美，自己绝不是"怨诽先帝"！

　　虽然这次文字狱风波以小人的枉费心机而告终，但发生了这样的事情，我感到"群小侧目，必无安理"，而自己又不能"随世俯仰，改其常态"，于是我上奏高太后，要求"引嫌求避"，并得到应允。

　　八月二十二日，我以龙图阁学士知制诰的身份知颍州。

初到颍州念恩师

　　颍州就是现在的安徽阜阳附近。颍州,对我来说并不陌生。熙宁四年(1071),我在赴杭州通判任职的途中,曾和弟弟子由一道前来颍州,拜望我的恩师欧阳修先生。

　　回想当年,师生相见,分外亲切,我们荡舟颍州西湖。

　　颍州西湖位于阜阳城西北新泉河的两岸,是古代颍河、清河、小汝河、白龙沟四水汇流处。"天下西湖三十六",其中现在大概就数颍州西湖、杭州西湖、扬州瘦西湖三大西湖最为出名,且颍州西湖面积最大,风景甚优。

　　我和恩师一起饮酒赋诗,度过了一段愉快的时光。恩师也曾在这里当过一年半的太守,他很喜欢这里淳朴的民风、清雅的风景,便居家于此。

　　没想到二十年后,我也来此为官。但是,此时已时过境迁、物是人非,我的恩师欧阳修及夫人早已作古。

岁月催人老啊！我看到眼前的萧条和寂寞,感慨从心而生:"白发苍颜,复见颍人。颍人思公,曰此门生。虽无以报,不辱其门。"

停挖八丈沟

　　在其位,谋其政。为官一天,我就有一天的责任,一切为了百姓,为了百姓的一切,这是我的座右铭。

　　我把沉重的心情埋藏在心底,打起精神工作。颍州的情况并不比我当年去登州时乐观。

　　我在颍州遇到的第一件大事,就是八丈沟开挖工程。

　　颍州一带历来多水患,许多当地官吏乃至都水监都认为是陈州(今安徽淮阳)大水,造成颍河泛滥,因此,他们做出了这样的决定:从陈州境内,即在邓艾沟故道上开一条长三百五十里的八丈沟,夺颍入淮,以泄陈州大水。

　　朝廷的官员也都到颍州开了大会,通过了这一议案,并已在六个地方分段动工。

　　难道这样就可以疏导积水、消灭水患了吗?

　　以邻为壑啊!

　　为了对一方百姓负责,凭着自己在治理西湖中所获得的宝贵经验,我还是对这一工程产生了怀疑。

怀疑总是要有根据的。经过对颖河和淮河的实地测量和考察,我取得了系统的水文资料,即八丈沟入淮口的水位在淮河泛涨时高于八丈沟上游蔡口水位八尺五寸,淮水势必倒灌。事实证明,开挖八丈沟既解除不了陈州水患,而上下游的来水会在颖州横流,造成更大的水患,这个结果太可怕了!

我立即向皇帝报告,连发三道奏折分析利弊。在奏折中,我明确指出:开挖八丈沟工程耗资巨大,且解决不了根本问题。由于颖州是平原,地面低于水面,如挖开八丈沟,实际上是将周边洪水排入颖州大地,以产粮为主的颖州就会变成一片汪洋,颖州就要闹饥荒,甚至尸横遍野!

我知道皇帝日理万机,对已经签字批准的工程也不感兴趣,但是此事非同小可,怎么办呢?幸亏我在朝廷做过一段时间的秘书,懂得其中的操作规则,为了方便皇帝阅读,我就把奏折的内容提要写好了。

我以科学的态度、有力的依据,向皇帝讲述道理,请求朝廷改变这一决定。

真理最终站在了少数人一边。

我成功了,朝廷相信了我,决定停工!八丈沟停挖,颖州至少免除了十八万夫役和无数钱米。

劳民伤财、有害无益的八丈沟开挖工程叫停了。现在想想,我当时的勇气真是可嘉。阻止八丈沟开挖是一个很有风险的举动,既会得罪周边知府,更有冒犯朝廷之罪。轻则乌纱难保,重则打入大牢。

唉!为了百姓的万年之福,牺牲我一个又有何妨!佛曰:我不入地狱谁入地狱。

不过,后来的事实进一步证明,我的主张是明智的,至今颍州老百姓谈起八丈沟,仍对我感激涕零!是我保住了他们的家园。

颍州百姓的救星

我上任的这一年,夏季大水,秋季大旱,冬季大雪。严寒、饥荒严重威胁着百姓的安危。百姓没有吃的,只好吃草根、嚼树皮,有的地方"横尸布路",惨不忍睹。

颍州人说,东坡多灾多难!

我说,颍州多灾多难!

但是,我是颍州人民的救星。

我在心里向百姓呐喊:放心吧,同胞们! 有我吃的,就有你们吃的!

我手书《祈雨帖》部分

有了在登州的工作经验,办事更加顺手了,我及时上奏朝廷,请求赈饥。奏请获准后,发了很多救济粮。本地仓库的粮食不够了,我就筹集资金到外地购买粮食,保证让百姓吃上饱饭、感到温暖,让那个寒冷的冬天不再无助。

史书这样评价我:"凡生理昼夜寒暑所须者,一身百为,不知其难。"

疏浚清河，整治西湖

虽然我在颍州只待了半年，但是，兴修水利、造福百姓的工作一直没有停止过。

我在阻止开挖八丈沟后，迅速转入整治清河的筹划与施工。

清河，位于颍州城西南，由于年久失修，泥沙壅塞，到元祐年间已不能下船。我率领吏民疏浚河道，沿河修筑了三座水闸，在上游开了一条清沟，又建了一座叫清波塘的小水库。

整个清河工程告竣后，除通航外，还可使颍州西南的地表水大可泄、小可蓄，并能灌溉沿河两岸六十里的农田，收到了综合利用的效果。

接着，我又整治了颍州西湖，使之成为闻名遐迩的风景游览胜地。

一心为民，就应当是这样的。

颍州西湖

使君不用山鞠穷，饥民自逃泥水中。

欲将百渎起凶岁，免使甗石愁扬雄。

西湖虽小亦西子，萦流作态清而丰。

千夫余力起三闸，焦陂下与长淮通。

十年憔悴尘土窟，清澜一洗啼痕空。

王孙本自有仙骨，平生宿卫明光宫。

一行作吏人不识，正似云月初朦胧。

时临此水作冰雪，莫遣白发生秋风。

定须却致两黄鹄，新与上帝开濯龙。

湖成君归侍帝侧，灯花已缀钗头虫。

自注：去岁，颍州灾伤，予奏乞罢黄河夫万人，开本州沟，从之。以余力作三闸，通焦陂水，浚西湖。

——苏轼《再次韵德麟新开西湖》

颍州西湖位于安徽省阜阳市颍州区西9千米处，是安徽省级风景名胜区、省级自然保护区、国家湿地公园、国家4A级旅游景区。

颍州西湖景区,目前主要景点有会老堂、宋潮市集、撷芳园、湖亭、苏堤、飞盖桥、怡园、兰园、涵春圃、宋潮乐园等。

　　颍州苏堤是后人为纪念苏轼而命名的,全长2.15千米,沿途有清颍亭、泛舟听琴、飞盖桥、湖亭等景点。元祐六年(1091)八月,苏轼任颍州知州。由于久旱不雨,决心充分利用颍水与西湖的资源,来整治农田水利。他"奏乞罢黄河夫万人,开本州沟,从之。以余力作三闸,通焦陂水,浚西湖"。工程尚未结束,苏轼又改知扬州。第二年三月,西湖疏浚完成后,苏轼又写下诗句"大千起灭一尘里,未觉杭颍谁雌雄"。

　　苏轼总共留下了几十首赞美颍州西湖的诗词。

对同事以诚相待

在大灾之年,往往是"弱者既转沟壑,则强者必聚为寇盗"。

在颍州就发生了这样的事情。有一个盗贼自封为王,抢掠杀人,危害乡民,无人敢言。官府屡次想逮捕他,都没有成功。

我把这一重任交给素有才干、让我信任的李直方,李直方时任汝阴县尉(相当于今天的副县长,一般兼县公安局局长),并答应他事成之后,一定替他向朝廷请功。

李直方为人爽快,爱岗敬业,他告别九十岁的老母,化装成便衣,前往侦察缉捕,并很快完成了任务。

我非常高兴,写了奏折向朝廷请赏,但李直方官太小了,朝廷以"小不应格"为理由回绝了我。

事情没办成,我一直放心不下。后来,朝廷念我贡献巨大,要给我升官,于是我又上奏,愿将自己的官转给李直方充赏,朝廷还是没有答应。朝廷有朝廷的规矩,哪有让官之理?

但我自己也没填表,没要升迁的这一级。事情虽然没有办成,可李直方知道了,对我佩服得五体投地。

后来,我调离颍州,到扬州当太守时,也上奏过,将自己的升迁转赏颍州李直方。

待人以诚,这是我一生的行为准则。

颍州之乐

我在颍州当太守时,常常深入民间,劝兴农桑。我不住宾馆、客栈,而是别出心裁,用红油布作顶,蓝布作帷,几根柱子,就地搭起了帐篷,收拢起来就可以扛走,拉开来就可以睡觉,觉得哪个地方安逸就移到哪个地方,择胜而居。于是,我为它取了一个美丽的名字:择胜亭,并写下了《择胜亭铭》来记录那段美好的时光:

> 近水而构,夏潦所襄。远水而筑,邈焉相望。……赤油仰承,青幄四张。我所欲往,一夫可将。与水升降,除地布床。……

我非常喜爱颍州西湖的风光,常常游赏其中,饮宴会友,赋诗著文,有时连处理公务都在湖上,在西湖留下了不少佳作。

我曾在诗中,用"大千起灭一尘里,未觉杭颍谁雌雄"将颍州西湖与杭州西湖相媲美,把颍州西湖当作古代天下西湖之冠。但遗憾的是,没有了我这样的水利专家,后来黄河泛滥,颍州西湖被泥沙填平,昔日美景一去不复返了。

第七章

两年阅三州

两年阅三州之扬州篇

好事不见,坏事连连。

我在颍州做太守的生涯只有半年,板凳还没有坐热就得离开。

朝廷中尽管有喜欢我的高太后,想委我以重任,但奸佞小人们不愿意了,一个个搬弄是非,拼命排挤我。真是小鬼难缠!朝廷发来调任书,说我玩忽职守,贪污腐败,调往扬州反省。

欲加之罪,何患无辞!真是天大的冤枉。我虽然没被小人们送上断头台,可这样折腾下去,不被折腾死才怪!

元祐七年(1092)二月,我辞别颍州,奉命匆匆赶往扬州上任。

扬州是中国历史文化名城,我对扬州太熟悉了,曾先后十次到扬州,如果你到扬州旅游就不要去旅行社了,我可以

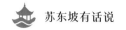

免费当导游。

我调动实在太频繁了，大江南北，任我遨游。不要以为他们是想要我免费公款旅游，他们可没安好心！我都快六十岁的人了，老胳膊老腿活动不便了，按现在的制度，都应当马上退休安享晚年了。不断要我换地方，其真实目的是想活活累死我。

人在屋檐下，不得不低头，我只能无奈地奉命东奔西走。那时可没有汽车、火车，更没有磁悬浮与飞机，交通落后，唯一可以代步的工具是马车，缓慢颠簸，要到一个地方，至少十天半月，甚至几个月才能到达。

我一路旅途劳顿，受尽苦难，宝贵的光阴都消逝在茫茫的路途中。

"两年阅三州"，这样的荣幸只有我一人享有过。我要抗议，可没人理睬我的意见，我已经不在朝中，没有了表决权。无可奈何，也只得依命而行。我曾自嘲道："坐席未暖，召节已行。筋力疲于往来，日月逝于道路。"

可开朗的个性让我很快忘记不满与忧愁，重新投入工作。在去扬州的路上我就开始搞调查，了解农民的疾苦。

我独自一人访问农户，深入农村的田间地头，看到沿途庄稼长势很好，心里不觉高兴，心想："又是一个丰收年，百姓可以过上好日子了！"

正感欣慰时,一个老农扛着锄头从我身边路过,我忙上前打招呼:"老伯,今年收成很好,可以吃饱饭了吧?"

谁知老头面有忧色,摇头叹息,说道:"你不是本地人吧? 丰年还不如凶年好呢!"

我一听纳闷了,心想:"老汉是不是累糊涂了,凶年比丰年好?"

老汉见我不信,就说道:"凶年虽然庄稼减产,只要节衣缩食,还能将就糊口;丰年虽然多打了粮食,因为要缴纳历年积欠(历年积累欠的税费),所剩更少。粮食丰收了,官吏就上门,就像贼寇进村,任意搜刮,稍有不从就棍棒加身,抓进监狱。真是一伙土匪啊! 老百姓根本活不下去,有的甚至为躲避交纳积欠而远走他乡,成为流民。"他一边说,一边泪如雨下。

听了这些话,我不禁泪下沾襟。

丰收了竟然更贫困,苛政猛于虎啊! 都是王安石那老家伙惹的祸,不知实情地乱变法!

我急忙赶到扬州,身为地方父母官,我要为民请愿。当官不为民做主,不如回家卖红薯!

上班的第一天,我就奋笔疾书,写好奏折,请求朝廷暂时停止催欠。

救人如救火,我怕延误了时间,写好奏折后立即找来身

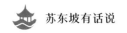

强体壮之人骑上千里马,昼夜兼程,送往京城。

送到朝廷之后,当时执政大臣以边陲用兵、国家财政紧缺为由,不同意免除积欠。

什么叫官逼民反?什么叫腐败?我还能说什么呢?呜呼,我说不出话。我只好单枪匹马,只身奋斗。

屋漏偏逢连夜雨,船迟又遇打头风!温饱还没有解决,瘟疫又开始蔓延。天灾加人祸,有的地方死了很多人,弄得人心惶惶。

危机时刻,我心情越加沉重。豁出去了!我不顾个人政治上可能带来的危难,再次给太后上书:"臣访闻浙西饥疫大作,苏、湖、秀三州,人死过半。……有田无人,有人无粮,有粮无种,有种无牛,饿死之余,人如鬼腊。"我要让高居庙堂的大爷们知道百姓已经被逼迫得没有了活路,即将造反!

上书后,我开始苦苦等待,一直杳无音信。一直到七月,皇帝诏书终于传来:"不论新旧,各种积欠一律宽免一年。"

真是一群吝啬的家伙,只进不出!我由是感慨:"小人浅见,只为朝廷惜钱,不为君父惜民,类皆如此。"

我为民请命终于取得一点点成功。虽说各种积欠并没有免除,只是放宽期限一年,但老百姓也可以喘一口气了。

消息在扬州传开后,老百姓高兴地在街道上手舞足蹈,热情地呼喊我的名字：东坡！东坡！东坡！就像我的铁杆粉丝一样。

诗人嘛喜欢激动，一激动就诗兴大发："民劳吏无德，岁美天有道。……诏书宽积欠，父老颜色好。"

洛阳牡丹甲天下，当地官府每年都举办"牡丹花会"，赏花作乐。真是腐败。

扬州芍药有名，官府也学洛阳办起了"万花会"，每次搞十万枝芍药花，声势宏大，热闹非凡，美其名曰：官民同乐，盛世太平。太守邀请高官、豪绅、富商宴集赏玩，举目皆花，美丽动人。

滋生腐败是需要土壤的。参加这种花会的人不是高官就是富商，官商勾结，狼狈为奸。花会已经成为劳民伤财、剥削百姓的代名词。

我到扬州，时值芍药盛开，当时任扬州通判的晁补元正准备举办一年一度的"万花会"。

他私底下对我说："今年举办'万花会'具有特别的含义：一是欢迎您这位文坛泰斗的到来，二是让新任太守借'万花会'露面，与民同乐，一举两得！"

他太会拍上司的马屁了，可我苏东坡不是那种人！地方父母官应当与老百姓忧乐相通，眼下老百姓的日子并不好过，积欠压得他们喘不过气来，在这种情况下，我们怎能

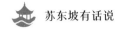

只顾自己寻欢作乐？

我说："花会已造成扬州大害，就取消了吧！虽然这一举措大煞风景，但可以免除百姓负担啊！"

老百姓得知从此取消花会，都对我赞不绝口。这个故事至今仍被传为佳话。

要想富，先修路。

那时候没有高速公路，但河运发达。

扬州漕运，就是通过古运河，每年把南方的粮食运到北方，供应京城和军队所需，这是一种政治运输。但运送一次往返要几个月，甚至一年。

粮食运到北方，理应卖个好价钱，但是当时在京城的卖出价有时比收购价还低。这是政府高成本的运输，不科学、不合理，应当坚决废止。

原先，漕运的船工可顺便搭载私货，以补充自己生活的不足。后来，朝廷下令严禁搭载私货。这样，漕运船工生活贫困，就偷盗所运的官家物资，结果公有财产损失惨重。船夫因货款亏欠，每年被处罚的也有很多，但还是解决不了问题，于公于私都不利。

我到实地了解了情况后，向朝廷建议，允许船工适当带点南方的土特产品到北方贩卖，这样船工生活有保障了，就会减少漕运损失，朝廷同意了。从此，船工以官船为家，安居乐业,责任心也强了。

我赢得了百姓的广泛赞誉。人强了实在没办法,崇拜的人自然多。

说来也巧,我的恩师欧阳修也曾在扬州当太守。他在扬州时,于著名的大明寺西侧建了一座号称"淮南第一观"的平山堂。一日为师,终身为父,做学生的怎能不去拜访一番? 我之前就多次到平山堂,还有感而发,写了一首著名的《西江月·平山堂》,以此来怀念我的恩师!

为了纪念恩师,我还在平山堂后面建了谷林堂。此堂落成时,我也曾写诗留念:

深谷下窈窕,高林合扶疏。

美哉新堂成,及此秋风初。

我来适过雨,物至如娱予。

稚竹真可人,霜节已专车。

老槐苦无赖,风花吹填渠。

山鸦争呼号,溪蝉独清虚。

寄怀劳生外,得句幽梦馀。

古今正自同,岁月何必书。

广东潮州韩文公祠

韩文公祠位于广东省潮州市城东笔架山麓，东靠韩山，西临韩江。千年来，为缅怀韩愈，潮州历朝历代主政官吏一直接续修建韩文公祠，贯穿千年。

韩文公祠始建于北宋咸平二年（999），当时名为"韩吏部祠"。元祐五年（1090），潮州知州王涤将其迁至州南七里处。淳熙十六年（1189），知州丁允元再将韩祠迁至韩山今址。

1984年全面修复，建"韩文公祠"石坊、侍郎阁、允元亭、"天南碑胜"庑廊等。1989年，被公布为省级重点文物保护单位。2006年，被批准列为第六批全国重点文物保护单位。

韩愈（768—824），唐代文学家、哲学家，字退之，自称郡望昌黎，人称"韩昌黎""昌黎先生"。元和十四年（819）正月，韩愈因谏迎佛骨而触怒龙颜，被贬为潮州刺史。到达陕西蓝关时，大雪封道，恰逢侄孙韩湘赶来同行，韩愈写下《左迁至蓝关示侄孙湘》一诗："一封朝奏九重天，夕贬潮州路八千。欲为圣明除弊事，肯将衰朽惜残年！云横秦岭家何在？

雪拥蓝关马不前。知汝远来应有意,好收吾骨瘴江边。"经过4个月的跋涉,韩愈于四月廿五日抵达潮州任所。在潮州刺史任上短短7个多月的时间里,韩愈驱鳄除害,关心农桑,释放奴婢,延师兴学,做了不少好事,深受当地民众爱戴,获得了"功不在禹下"的评价。

潮州韩文公祠内,现存历代碑刻36块,其中最重要的是《潮州韩文公庙碑》,全称《潮州昌黎伯韩文公庙碑》。

历史上,有宋元明清四块《潮州昌黎伯韩文公庙碑》,贯穿千年,接续修建。

宋碑,苏东坡手迹。王涤迁韩文公祠于城南时,请大学士苏轼撰书。宋碑立于元祐七年(1092),毁于元代。因此,韩文公祠内现存《潮州昌黎伯韩文公庙碑》元明清三块翻刻碑。

苏轼《潮州韩文公庙碑》全文如下:

匹夫而为百世师,一言而为天下法。是皆有以参天地之化,关盛衰之运。其生也有自来,其逝也有所为。故申吕自岳降,傅说为列星,古今所传，不可诬也。孟子曰："吾善养吾浩然之气。是气也，寓于寻常之中，而塞乎天地之间。"卒然遇之，则王公失其贵，晋、楚失其富，良、平失其智，贲、育失其勇，仪、秦失其辩。是孰使之然哉？其必有不依形而立，不恃力而行，不待生而存，不随死而亡者矣。故在天为星辰，在地为河岳，幽则为鬼神，而明则复为人。此理之常，无足怪者。自东汉以来，道丧文弊，异端并起，历唐贞观、开元之盛，辅以房、杜、姚、宋而不能救，独韩文公起布衣，谈笑而麾之，天下靡然从公，复归于正，盖三百年于此矣。文起八代之衰，而道济天下之溺；忠犯人主之怒，而勇夺三军之帅。此岂非参天地，关盛衰，浩然而独存者乎！盖尝论天人之辨，以谓人无所不至，惟天不容伪。智可以欺王公，不可以欺豚鱼；力可以得天下，不可以得匹夫匹妇之心。故公之精诚，能开衡山之云，而不能回宪宗之惑；能驯鳄鱼之暴，而不能弭皇甫镈、李逢吉之谤；能信于南海之民，庙食百世，而不能使其身一日安于朝廷之上。盖公之所能者，天也;其所不能者,人也。

始,潮人未知学,公命进士赵德为之师。自是潮之士皆笃于文行,延及齐民,至于今,号称易治。信乎孔子之言:"君子学道则爱人,小人学道则易使也。"潮人之事公也,饮食必祭,水旱疾疫,凡有求,必祷焉。而庙在刺史公堂之后,民以出入为艰。前太守欲请诸朝作新庙,不果。元祐五年,朝散郎王君涤来守是邦,凡所以养士治民者,一以公为师。民既悦服,则出令曰:"愿新公庙者听。"民趋之。卜地于州城之南七里,期年而庙成。或曰:"公去国万里,而谪于潮,不能一岁而归。没而有知,其不眷恋于潮也,审矣。"轼曰:"不然。公之神在天下者,如水之在地中,无所往而不在也。而潮人独信之深,思之至,焄蒿凄怆,若或见之。譬如凿井得泉,而曰水专在是,岂理也哉!"元丰七年,诏封公昌黎伯,故榜曰"昌黎伯韩文公之庙"。潮人请书其事于石,因作诗以遗之,使歌以祀公。其词曰:

公昔骑龙白云乡,手抉云汉分天章,天孙为织云锦裳。飘然乘风来帝旁,下与浊世扫秕糠。

西游咸池略扶桑，草木衣被昭回光。追逐李杜
参翱翔，汗流籍湜走且僵，灭没倒景不可望。
作书诋佛讥君王，要观南海窥衡湘，历舜九疑
吊英皇。祝融先驱海若藏，约束蛟鳄如驱羊。
钧天无人帝悲伤，讴吟下招遣巫阳。爆牲鸡卜
羞我觞，於粲荔丹与蕉黄。公不少留我涕滂，
翩然被发下大荒。

在文学方面，韩愈倡导古文运动，是"唐宋八大
家"之首，与柳宗元并称"韩柳"。因此，为韩愈这样
的大家写碑文，即便是大文豪苏轼，也是颇费思虑
的，据说起首部分他写了 20 多次，才确定"匹夫而
为百世师，一言而为天下法"这样气壮山河的文字。

全文抛弃一般的叙事写法，而以议论贯穿全篇，
立意高远，骈散结合，文情并茂，气势磅礴，熔议论、
描述、引征、对话、诗歌于一炉，高度颂扬了韩愈的振
臂呐喊、勇担道义的高贵品质和卓越的堪为百代之
师的文学成就，重点描写韩愈在潮州的政绩，并生动
描述了潮州人民对韩愈的崇敬与怀念之情。其中
"文起八代之衰，而道济天下之溺"等，成为千古名句。

两年阅三州之定州篇

怪事年年有，今年特别多！

我在扬州只为官半年，就被任命为兵部尚书，回到朝中，又任端明殿学士、翰林侍读学士、礼部尚书。这年，皇帝亲自到南郊祭祀，我有幸扈从皇帝亲行郊祀大礼。

这是我一生中最得意的时候。

不过，我并不留恋朝廷。朝中是非多，我预感到风云再起！于是，我要求下地方任职。可太后不让我离开，非让我辅佐小皇帝不可。

元祐八年（1093）的秋天是一个特别凄凉的秋天。在这个万分凄凉的季节，我的两个守护神相继辞别人世：一个是我的妻子王闰之，一个是当政的高太后。她们的去世是我命运的逆转，我从天堂开始堕入地狱。

我已经厌倦了朝中的勾心斗角，又上书要求外放。小皇帝掌权后，换用亲信，尽管我是皇帝的老师，可他对我根本不信任,甚至对我恨之入骨,早就想让我卷铺盖走人了。

我在朝廷,一个风暴接着一个风暴,淹没在政治的旋涡中,成为大批奸佞小人攻击的对象。

"故天将降大任于是人也,必先苦其心志,劳其筋骨,饿其体肤,空乏其身,行拂乱其所为。"

我已经经受了种种考验,却没有大任降临到我身上。看来老天也有不公的时候。

在朝廷只干了十个月,我就除知定州(今属河北)了。我又一次被政治无情地玩弄了。

定州为古中山国,是历代兵家的必争之地,在宋代为边防重镇。我奉命以双学士充河北西路安抚使兼马步军都总管,知定州军州事。

临行前,我本想面辞皇上,按一般规矩,赴边疆任职的官员,皇上要接见,说几句鼓励与要求的话。但皇帝拒绝见我,由此我预感到前途的渺茫。

元祐八年(1093)九月,我告别京师,从开封出发,坐马车一路摇摇晃晃,走了约一月才到达定州。

我到达定州后才发现,这里市井萧条,边防薄弱,军队松散,纪律败坏,四个字概括:不堪入目! 这哪里像大宋朝的边防重镇?

我刚到就听说有个叫王光祖的副总管,身为老将,倚老卖老,骄横霸道,克扣粮饷,兵丁食不果腹,怨声一片,却也无人敢管。这样一支训练无素的军队,一旦遇到战事,结果可想而知!

这样的边境怎么得了!

当地官员们总喜欢说好听的,以迎合上面的心理。弄虚作假,历代如此,皇帝那儿很难知道实情。

我是谁? 大名鼎鼎的苏东坡是也! 我有话就要说,好似苍蝇在喉,不吐不快。

于是,我迅速采取了措施。

首先,我整顿军纪,扫荡各种各样的混乱局面,恢复正常的生活秩序,让老百姓有安全感。唯有前文刚刚提到的王老将王光祖不配合,我整顿后的首次部队检阅,他就称病不出。我也不客气,立即叫秘书把纸笔拿来,要上奏朝廷,专案弹劾。他一听也怕了,涉及官帽,谁敢不出? 阅兵大礼得以顺利完成。

其次,我对横行乡里、鱼肉百姓、聚首为盗的黑社会人员抓捕法办,对违法乱纪的高级官员严厉处置,社会秩序迅速好转。

老百姓生活安定了,他们说:"自从韩忠献公(韩琦)去任后,不见此礼,直至今日。"

我到定州后,没有去拜访豪门绅士,而是下乡微服私访,了解百姓疾苦。我来到定州城北黑龙泉附近的一个乡村,北宋以前这里叫"南定村",我看到此处龙泉喷涌,一派江南风味。

经了解才知道,这里十年九涝,百姓生活十分贫困。我来到百姓中间,向他们询问:"这里有水,土也好,为何不开水田呢?"

他们竟一脸茫然。

原来这里的百姓祖祖辈辈只种旱田,压根儿就没听说过水里也能种庄稼。千年以后的信息时代真是好,现在全国很多地方都能种杂交水稻,佩服!

那时还没有杂交水稻这样的高级品种,只有原始水稻,我就告诉他们:"种稻子吧!"

我教给他们种水稻的技术,这就是技术输出。老百姓果然获得了好的收成,为了纪念我,便把"南定村"改为"苏泉村"了。

听说如今村里建有"苏东坡广场",还记载了我私访"南定村"的历史与故事,有时间我一定去看看。

告诉大家一个秘密:我还是秧歌的创始人。

在定州时,我到北部农村私访,看到老百姓在田里劳动很辛苦,我就专门编了歌曲,教他们在插秧时唱,一边唱,一边劳动,既忘了劳累,又提高了效率。秧歌就这样诞生了。

后来人们把秧歌变为表演的小戏,配上音乐,逐渐发展成为一种独特的民间剧种,现在都冲出亚洲走向世界了。

这里面,饱含我苏东坡的功劳呀!

我在来定州当太守的途中,天黑了,人们用松明火炬照明探路,我被散发出来的香味所刺激,这让我想起古代传说中的一个人物:一个在松林里靠吃松枝松果活了三百多岁的毛女。

后来我画成《毛女图》,还挥毫写了一首诗《题毛女真》:

> 雾鬓风鬟木叶衣,山川良是昔人非。
> 只应闲过商颜老,独自吹箫月下归。

我受到启发,灵感又来了:若能用松枝松果酿造成酒,岂不美哉!松树乃千岁之质,能取其精华,定是神仙食品,人若食之,会长生不老或有利于健康也说不定呀!

对于酿酒,我并不陌生,我曾先后酿过蜜酒、葡萄酒,要将奇思妙想变为现实并不难。定州有无数松柏,于是,我取松针松果熬成水,然后按照所得秘方,依法投料,酿造成酒,结果搞成功了!

现代都流行名牌,我的酒就是名牌。

听说我酿造的酒后来成了历史名酒,成为人们喜爱的

健康长寿酒。

我到定州不久,去文庙祭奠孔子,当时举行老干部义务植树活动,怎么少得了我! 我亲手栽下了两棵槐树。

近千年过去了,但我栽下的两棵古槐,经过无数风雨,仍郁郁葱葱。它是我在定州留下的活生生的遗迹。而今人们到定州,必要去看"东坡双槐"。

福无双至,祸不单行。

不幸总是随之而来。小人的陷害一刻也没有停止过,朝廷又要放逐我了。

皇命难违。我在定州只当了不到七个月的太守,就接到了贬官英州的圣旨。

来也匆匆,去也匆匆……

定州城的老百姓得知朝廷要贬我,全都沸腾了! 这么好的官,为什么要贬呢? 他们搞不懂朝廷中那些复杂的内幕。

绍圣元年(1094)闰四月初五,这对定州而言是个不平静的日子。

一大早,从衙门口一直到东关城门外,沿街挤满了专程为我请愿或送行的老百姓,有当地的开明绅士、社会贤达、军队的官兵、昔日的同僚……还有的专门请人做了一把有百姓签名请愿的"万民伞",请来定州宣旨的皇差回京转呈皇上,请求朝廷留任我。

其实,有时候民意是起不了什么作用的,谁能挑战皇权? 你苏东坡在这里得民心,受人拥戴,到朝廷那里,就是苏东坡能蛊惑人心,煽动闹事,还不罪加一等!

两年阅三州之惠州篇

天有不测风云，人有旦夕祸福。朝廷风云突变！又有一位不地道的御史跳出来弹劾我诽谤先帝。

绍圣元年(1094)，我被贬到英州(治所在今广东英德)任职。我摇摇晃晃，长途跋涉前往报到，途中又接到降官一级的通知。此时我对官衔已无所谓了。可还没有过几天，又接到命令，不去英州了，贬到惠州安置。

短短时日，一贬再贬，凸显了朝廷的混乱，政敌是要故意打击我的志气，让我不得安宁。

我被贬惠州，知道惠州瘴气流行，途中决定不带任何仆人，让他们自谋生路；还有知己王朝云，也不让她随行，她还年轻。我铁了心自己一人前往，五十九岁的老骨头死在那里也不足惜。

其他人大都走了，可朝云不从，她坚决要跟随我，这让我感动不已。患难见真情！

我和朝云从大庾岭步入岭南,翻山越岭,长途跋涉,经过几番曲折,一路艰辛,终于在十月二日到达惠州。

　　近千年前的惠州,虽然山明水秀,风景优美,但人烟稀少,还是化外之地。忽然来了我这样一个人物,大学士、文坛领袖,既在朝廷当过大官,还当过皇帝的老师,加之入境惠州的外乡人少,我的到来自然引起社会的不小轰动。惠州的老百姓都到码头迎接,场面让我十分感动,于是随笔写下了《十月二日初到惠州》一诗:

　　　　仿佛曾游岂梦中,欣然鸡犬识新丰。
　　　　吏民惊怪坐何事,父老相携迎此翁。
　　　　苏武岂知还漠北,管宁自欲老辽东。
　　　　岭南万户皆春色,会有幽人客寓公。

　　我来到惠州,太守詹范也敬重我这位贬官,便把我安排在合江楼暂住,这算是惠州官方的高级招待所了。

　　第二天醒来,我开窗一看,发现这里风景优美,这又触发了我的诗兴:

　　　　海山葱昽气佳哉,二江合处朱楼开。
　　　　蓬莱方丈应不远,肯为苏子浮江来。
　　　　江风初凉睡正美,楼上啼鸦呼我起。

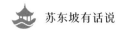

我今身世两相违，西流白日东流水。
……

正当我吟得高兴时，朝云上楼来了。朝云笑着说："相公又是一肚子不合时宜，什么'我今身世两相违'的，可忘了，'西湖虽好莫吟诗'呢！"

我一听，哈哈大笑起来："说的是，说的是！看来本性难改了。"

好景不长。我只在合江楼的高级招待所住了十几天，就被迫搬到郊外的嘉祐寺。这是一个破败的僧舍，蚊虫又多，居住条件十分恶劣，和住监狱基本没什么两样，只是没人管免费的一日三餐。

尽管生活环境不佳，随着时间的推移，我的心情也渐渐安定下来。我发现惠州的好处极多，当年杨贵妃才能吃到的荔枝，而今我可以天天享受，还写诗道："日啖荔枝三百颗，不辞长作岭南人。"

虽然贬谪惠州，没有权也没有钱，但我心中的百姓情结始终没有改变。

惠州有一条东江，阻隔两岸的百姓往来，他们常常望江兴叹。我看在眼里，急在心头，决意要修桥筑堤，让两岸百姓自由来往。

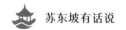

　　我捐出犀带,并多方筹集资金,还动员弟媳把皇帝的赏赐也捐出来。听说了我的善举后,豪绅也慷慨解囊。这样,终于建起了东新、西新二桥,方便了两岸百姓的来往。

　　对于此事,百姓奔走相告,杀鸡庆贺,我赋诗一首《两桥诗·西新桥》:

　　……

　　父老喜云集,箪壶无空携。

　　三日饮不散,杀尽西村鸡。

　　……

　　我被贬到惠州,上无片瓦,下无寸地,眼看北归无望,就决定建屋定居于此。我在城北买了几亩地,在白鹤峰上,东北下临东江,环境幽雅。

　　我买地建屋的消息一经传开,惠州老百姓就纷纷前来帮忙,新居很快初具规模。

　　可就在此时(绍圣三年七月五日),我的朝云突然病故!我的心彻底碎了!

　　朝云跟随我已二十多年了,此时才三十四岁!她的离去,对我而言是一个致命的打击!

　　我最后一个女人离去了,怀着十分悲痛的心情,我将朝云安葬在栖禅寺旁的松林中,并为她写了墓志铭:

东坡先生侍妾曰朝云,字子霞,姓王氏,钱塘人。敏而好义,事先生二十有三年,忠敬若一。绍圣三年七月壬辰,卒于惠州,年三十四。八月庚申,葬之丰湖之上栖禅山寺之东南。生子遯,未期而夭。盖尝从比丘尼义冲学佛法,亦粗识大意。且死,诵《金刚经》四句偈以绝。铭曰:

浮屠是瞻,伽蓝是依。如汝宿心,惟佛之归。

朝云墓由栖禅寺僧人筑亭覆盖,名为"六如亭"。我为朝云写了挽联:

不合时宜,惟有朝云能识我

独弹古调,每逢暮雨倍思卿

朝云离去了,她离去的三个月后,我还写了一首《西江月·梅花》词纪念她:

玉骨那愁瘴雾,冰姿自有仙风。海仙时遣探芳丛。倒挂绿毛么凤。 素面翻嫌粉涴,洗妆不褪唇红。高情已逐晓云空,不与梨花同梦。

她长眠在孤山上,六如亭与她同在,千百年来,许多动

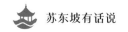

人的故事传诵着我的这位红颜知己!

不久,我儿子苏迈及家人也迁来惠州居住。一家团聚了,"子孙远至,笑语纷如"的老人别无所求了。一觉醒来,立在窗前,望着青山绿水,呼吸着新鲜空气,身体虽然欠佳,但心情却好。心情一好就吟出诗来:

> 白头萧散满霜风,小阁藤床寄病容。
> 报道先生春睡美,道人轻打五更钟。

麻烦又来了。

据传,我的诗不久传到朝廷,政敌章惇(这个人大家一定还记得)看到"报道先生春睡美"时,心里很是不悦:"你苏轼在惠州还过得如此快活,看来还需要再贬个更远一点的地方。让他到儋州去吧!"

于是一道贬令又至,我又要开始奔波……

南华寺

云何见祖师,要识本来面。

248

亭亭塔中人，问我何所见。

可怜明上座，万法了一电。

饮水既自知，指月无复眩。

我本修行人，三世积精炼。

中间一念失，受此百年谴。

抠衣礼真相，感动泪雨霰。

借师锡端泉，洗我绮语砚。

——苏轼《南华寺》

菩提达摩是印度禅宗二十八祖，南朝宋末从南天竺的黄支（今印度金奈）启航，借季风沿着海岸线到达广州，后辗转多地，最终住进嵩山少林寺，成为大乘佛教中国禅宗的始祖。因此，中国的禅宗又称"达摩宗"，达摩被尊称为"东土禅宗初祖""达摩祖师"，少林寺也被视为中国禅宗的祖庭。

禅宗倡导"不立文字，教外别传，直指人心，见性成佛"，只要明心见性，就可以成佛。经二祖慧可、三祖僧璨、四祖道信、五祖弘忍、六祖慧能等大力弘扬，终于一花五叶，成为中国佛教最大宗门。

六祖慧能（638—713），因菩提偈"菩提本无树，明镜亦非台,本来无一物,何处惹尘埃"境界远超神秀"身是菩提树,心如明镜台,时时勤拂拭,勿使惹尘埃",而获得六祖地位。

六祖慧能,亦作"惠能"。少年时期父亡家贫,以卖柴奉养母亲,路上听到有人诵念《金刚经》而产生学习佛法之心,投到禅宗五祖弘忍门下做"行者",后弘忍付与法衣。

仪凤二年(677),慧能去曹溪宝林寺(今南华寺),成为曹溪道场主导者,听众超过千人,受到韶州刺使韦璩,乃至武则天重视。

禅宗六祖慧能口述内容,由其弟子法海集录成为《六祖坛经》。这是禅宗的代表性经典,亦称《六祖大师法宝坛经》,略称《坛经》。

唐玄宗先天二年(713)八月初三,慧能在新州国恩寺圆寂,世寿76岁。

六祖"真身"塑像,现在供奉在曹溪南华寺六祖殿内。坐像外表红褐色,通高80厘米,结跏趺坐,双目闭合,面形清瘦。

北宋绍圣元年(1094),苏轼贬官惠州,途中拜谒曹溪南华寺,见到存有六祖真身的大鉴塔,思绪万千,写下《南华寺》一诗。

　　1983年,南华寺被列为第一批汉族地区佛教全国重点寺院;2001年,南华寺作为明、清时期古建筑,被批公布为第五批全国重点文物保护单位。南华寺拥有包括六祖真身像在内的三百多件国家一级文物。

第八章

巨星陨落

天涯海角的荣幸

一说到天涯海角,人们马上会想起海南岛,那里有清澈碧蓝的海水、干净整洁的沙滩,还有在海风中摇曳的椰子树、香蕉林。这里处于亚热带,有着独特的风景图,美不胜收,是人们心驰神往的旅游胜地。

近千年前我就去过那里,可并不是去旅游,而是被放逐。

清楚地记得,那是绍圣四年(1097)四月十七日,我接到朝廷的命令,将我贬为琼州(治所在今海南琼山县)别驾(行政副长官)、昌化军(治所在今海南儋县)安置,那时我已是六十二岁的高龄,不得不与家人挥泪诀别,携带着小儿子苏过乘船离开广东惠州。

处于家破人亡状态下的我早已做好了死在海南的心理准备。"今到海南,首当作棺,次便作墓。"我过海时,在船上就顺便带了一副棺材。

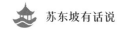

大丈夫生又何欢,死又何惧!

苍天啊,大地啊,年迈无奈的我又一次漂泊在茫茫的大海上……

经过两个多月的行程,终于到达贬地。起初我在官府租了几间房子暂避风雨,没几天就被政敌知道,他们下令把我逐出官舍。

我一代文豪竟也有这样的惨境:"此间食无肉,病无药,居无室,出无友,冬无炭,夏无寒泉。""食芋饮水,著书以为乐。"

吃,没有肉食;病了,没有药物;住,没有房子;出入没有朋友;冬天没有炭取暖;夏天没有泉水洗澡。天天吃的是海南芋头、木薯,只有以著书为乐。

呜呼,悲哉……

近千年前,海南岛是一片蛮荒之地,基本处于未开化状态,是朝廷流放那些严重的、死不改悔的罪臣的首选场地。在交通几乎断绝的情况下,流放到这里和判死刑相差无几。

古儋州位于海南岛的西北部,濒临北部湾。我当年就被贬于此,居住在现在的中和镇。

到了这里,真乃天高皇帝远,发点儿牢骚没有人能听得见,即便是你造了反,估计消息也传不到中央。真是一个好地方! 很幸运,我就被流放到了这里,马上开始我的"幸福生活"。

可当地的老百姓却对我十分关爱,为我搭建了五间草屋,我便有了容身之所。很多人嘲笑我的陋室,我却乐在其中。我是谁啊,我可是天生的乐天派!我还兴致勃勃地为我的陋室取了个文雅的名字:桄榔庵,并饶有兴致地写下了《桄榔庵铭》。

时下流行一句至理名言叫作"不抛弃,不放弃",老夫我可是相当赞同!

面对如此绝境,我毫无牢骚怨言,不抛弃自己的为官责任,不放弃自己的政治理想,在从政为官的原则上我有绝对的自信可以去笑傲人生!

"我本海南民,寄生西蜀州。忽然跨海去,譬如事远游。"这是我的内心写照。

很多人同情我总是在背井离乡中过活,的确,人越老越思乡!对于故乡,我却有着自己的见解。在我看来,故乡应在自己心里,只要心有所安,无处不可作故乡。

我是这样想的,也是这样做的。"海南万里真吾乡",要是没有如此旷达的心境,也许受尽折磨的我早已到天国报到去了。

带着这样的心境,我以积极的心态很快把自己融入这片陌生的土地。我与当地百姓交朋友,办学堂,传播中原文

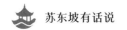

化,我把教学地点命名为"载酒堂",这用的是"载酒问字"的典故。

《汉书·扬雄传》载:"(扬雄)家素贫,耆(嗜)酒,人希至其门。时有好事者,载酒肴从游学。""乃刘棻尝从雄学作奇字。"

"载酒问字"本为二事,后人常作一典使用,比喻人有学问,常有人慕名登门请教,或者用来比喻勤学好问。

走进我最引以为豪的"载酒堂",不时可以听到琅琅书声,弦歌四起,从此海南才有了考中进士的纪录,姜唐佐就是老夫在此时此地培养出来的佼佼者,他是海南有史以来的第一名进士。

我乐此不疲地奔波着、忙碌着,此刻的我仿佛又回到了精力无限的年轻时代,充实并快乐着。

我骨子里是一个向往民主和平等的人。海南岛的黎族人以种地、打猎为生,一直过着刀耕火种的原始生活。可以说历代统治者都没有把他们放在眼里,他们受尽剥削、压迫与凌辱。早在汉武帝时代,黎民就反抗攻击杀太守,被称为"黎蛮",遭到当权者的杀害。

待我踏上海南这片土地,耳闻目睹黎族人民遭受欺凌的现实后,十分坚决地提出了民族平等的主张,有诗为证:

咨尔汉黎,均是一民。

鄙夷不训,夫岂其真。

怨忿劫质,寻戈相因。

欺谩莫诉,曲自我人。

"华夷两尊合,醉笑一欢同。"我与黎族人民结下了深厚的友谊,据说黎族百姓对我那是相当地崇拜和爱戴,说到这儿,好有成就感哪!

我比较得意的事还在于积极倡导发展当地的农业生产。

想当年我在儋州的时候,这里的农业还处于原始时代,刀耕火种,生产方式那是相当落后,农民生活的贫困程度也是我为官数载前所未见的。眼见这种情况,我内心十分着急,吃不好饭,睡不好觉,咋办呢?

我发现这里的土地大面积荒芜,而有限的耕种户收成很低,生产的粮食连自己都不够吃。我开始从思想上开导他们,写了《和陶〈劝农〉六首》,告诫黎民:"利尔锄耒,好尔邻偶。斩艾蓬藋,南东其亩。"我劝黎族百姓重视发展农业生产,可谓苦口婆心。

在艰苦的环境里,我的笔并没有片刻停下,我以超然的心态,以著书为乐,在儋州创作了诗词一百四十余首、散文

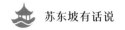

一百余篇、书信四十余封,并著《书传》一部,对《易传》和《论语》进行阐释与修订。

后人说,我用枯萎的生命书写出了人生与文学的辉煌。

回归之路漫浩浩

乌云遮不住太阳，人不可能永远倒霉。

所谓"一朝天子一朝臣"，可真是不假，皇帝哲宗二十五岁就撒手人寰了。

这是为什么呢？

其实具体原因我也不知道，但我猜想肯定与他贪图女色、荒淫无度有关，他那身板哪经得起这样的折腾！

且说哲宗实在不争气，竟然没留下个龙子龙孙啥的。早些时候是听说有个儿子的，是那个什么"刘美人"生的，谁知没活几天竟然就夭折了。真是不幸！

虽说皇帝没儿子，可是"国一日不可无君"啊！哲宗的弟弟赵佶跑出来了，大家也没啥可说的，向太后就立了他，即徽宗。

这徽宗也不是什么省油的灯，即位第一件事就是清除异己和旧党。别的人不说，就说那个哲宗的亲信、显赫一时

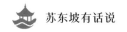

的章惇吧！

我有一位叫任谷雨的老乡,当时做谏官,他就告了章惇一状,说章惇是个卑鄙无耻的小人。徽宗立即就把章惇贬到雷州去了。多行不义必自毙！大家可要谨记。

虽然章惇这小子实在可恨,我这辈子碰上他真是倒了大霉,但看到他现在也被贬,还不乏去搬石头堆在井边之人,树倒众人推,心里却并没感到特别开心。或许是还记得早年和他有过一丝交情——虽然那一丝他也忘没了,或者是自己尝尽了被贬的滋味,现在看他落魄,心里倒有点可怜他的家人了。

我心里实在不忍,便写信给章惇的外甥黄寔,安慰了他几句:"雷州那地方虽然远,但没有瘴毒的,章惇老弟在那儿住个一年半载的应当没啥安全问题,放心好了！"

不过,可怜他归可怜他,但我真的不想再见那家伙,我怕我见到他后一时情绪激动,做出什么有损名节的事。

别说活着了,就是死了都不想见到他。

那几年我住在海南,听说有人传言我仙逝了——其实那传言的人也不想想,我苏大学士哪就这么容易成仙?

后来又遇见老朋友,一起喝酒的时候,他们便拿这件事开我玩笑:"我们以为你真的死了,都哭得死去活来的,打算跑到海南与你见最后一面。谁知你是装死,该罚！"

我大笑道:"哪这么容易啊,不过我可真去了一趟鬼门关。谁知我在阎王殿遇见一个人就转回来了。你们猜是谁?"

他们猜不出。

"是章惇! 于是,我就和阎王老儿商量:'先不说我与章惇有不共戴天兼不共戴地之仇,就说我苏东坡乃一代忠良,兼当代大文豪,怎么能与这等小人同下黄泉?! 实在是奇耻大辱!'于是我坚决要还阳。谁知那阎王老儿也喜欢我的诗词,是我的粉丝之一,又见我意志坚决,就动了恻隐之心,把我给放回来了。"

众人听了大笑,却也只是当笑话,可我说的确实是心里话,让我下辈子、下下辈子都不要再见到他才好!

其实也不是我这人爱记仇,实在是惹不起,还是躲为上策。所以说"明枪易躲,暗箭难防",对小人还是离得远一点好。

换了皇帝,肯定要大赦天下,我也幸运地被纳入遇赦之列。朝廷又向我伸出了橄榄枝,这大棒加胡萝卜的手段运用得真是炉火纯青!

廉颇老矣,尚能饭否?

老是老了,可我仍能肩负大任。

于是,我又踏上了北归的路途。

元符三年(1100),我踏上了北归之路。这一次却让我倍感疲惫,毕竟年龄不饶人。掐指一算,我已是六十五岁的人了,放现在的话早就功成身退、安度晚年了,可是那时没办法。

我一路风餐露宿,荡舟海上。我还是比较喜欢走水路的,但这一次在船上我却不禁想起当年和父亲、弟弟第一次北上的快活日子。在经历了这么多风风雨雨后,现在却只有我一人在路上,心里不免有点伤感。特别是经过我们以前共同游览过的地方,我情不自禁地思绪翻腾,便留诗一首:

> 参横斗转欲三更,苦雨终风也解晴。
>
> 云散月明谁点缀,天容海色本澄清。
>
> 空余鲁叟乘桴意,粗识轩辕奏乐声。
>
> 九死南荒吾不恨,兹游奇绝冠平生。

混沌一生,临了却发现只有诗词可以让我一吐为快!

广州六榕寺

六榕寺位于广州市区,始建于南朝刘宋时期(420—479),初名宝庄严寺;五代十国南汉时期(917—971)更名长寿寺;北宋端拱二年(989)改名为净慧寺;明永乐九年(1411),重修后又称六榕寺;清代同治十三年(1874)大加修缮。现存寺院殿宇,多为明清和近代重建。

六榕寺是禅宗道场,与光孝寺、华林寺、海幢寺并称为广州"四大丛林"。六榕寺与光孝寺毗邻,同存千年。

北宋开宝四年(971),南汉灭亡时,长寿寺"寺塔均毁,胜迹荡然"。端拱二年(989),修葺寺院,改名为净慧寺,并铸造禅宗六祖慧能铜像。绍圣四年(1097),原址重建八角九层楼阁式新塔,沿用旧塔梅花井桩地基,塔壁佛龛供奉千佛,称千佛塔,屹立至今。

元符三年(1100),苏东坡来净慧寺游览,见寺内有榕树六株,留题"六榕"二字,后因寺僧制成匾额悬挂在寺门上,故有"六榕寺"俗称。

明万历四十六年(1618),重修塔上的 88 尊佛像。

清初,因千佛塔彩釉生辉,色彩斑斓,在阳光下犹如绽开的花瓣,塔尖和四周穿护的铁链酷似花蕊,在当地驻守的清兵称之为"花塔",净慧寺俗称

"花塔庙",塔上题有"红绿白黄,互相辉映,旭升日落,观美如花"。咸丰六年(1856),台风侵袭,塔顶坠地;光绪元年(1875),重修千佛塔,撰《重修六榕寺佛塔记》,正式更名为六榕寺。习用俗称,终成定名。

今天的花塔,便是北宋重建,后又经多次重修,保存较完整。塔高57.6米,造型挺拔秀丽,在江南古塔中比较高,是典型的砖木混合结构楼阁式塔。如今,花塔经修整,形制依旧。

《佛塔图碑》《重开永嘉证道歌碑》《苏东坡像碑》《重修净慧寺千佛堂塔颂碑》等,现保存完好,存于寺内。

又经过了无数个日日夜夜,这几年身体越来越差,加上心情又不好,一路上我倍感不爽,直到进入常州的地界,我才打起精神来。

那天我在船上忽然听外面热闹得很,船家说到常州了。常州啊,我可想念得太久了!

走出船舱,我却看到河两岸站满了百姓,都欢呼着我的名字,敲锣打鼓地迎接我。那一刻,我感觉这片土地无比亲切,心里只有一个念头:这里就是我的"故乡",这里都是我的亲人啊!

但面对乡亲们如此的热情,我却羞愧难当,总感觉没为他们多做几件事,这待遇实在受之有愧!

我站在船头,看着亲人们满是敬仰之情的脸庞,只好连声说道:"羞煞老东坡矣,羞煞老东坡矣!"

常州的确算得上我的第二故乡,算起来我这是第十一次来常州了。之间还置下了一些房子和地,可时间长了,真的就不想换地方了。之前我还两次给皇帝写信,要求改为常州户口,可他不睬我。这次我可不走了,乡亲们对我这么好,说什么我也不走了。

常州百姓的确纯朴善良,聊起往事,他们都只记得我的好,还说起那次我在除夕夜醉卧船上的事。什么?你不知道?那你来常州听听吧——算了,还是我给你说吧,现在汽车、火车都那么挤,听说又涨价了,让你跑一趟实在不忍心。你可听好了。

话说我三十九岁那年在杭州做通判,到镇江赈饥,但我挂念常州的乡亲们啊,特别是我家附近那几位七十多岁的大爷大妈,无儿无女,赶上这种年景可怎么办才好?所以我特地赶到常州,可正遇上天气不好,船晚点了。当我到达城郊时,天已经黑了,而且还是除夕。

唉！除夕夜，我的老婆孩子还在家里等我呢，不过当时可顾不了那么多了，我再不勤奋一点，那"拗相公"再抓住我什么把柄，将我罢官，一家老小可就喝西北风去了。

在这除夕夜赶到常州真不是时候，我这要是一下船，那些个官员，还有我那几位"死党"还不得抛了老小来接我？这么一来，他们家那几位"河东狮"不骂死我才怪！罢了罢了，不下船了。

打定主意后，我便拉了船夫一起，在船上一边喝酒，一边想老婆孩子。我这个人喝茶还行，喝酒就不咋地了，况且又是闷酒，没喝几杯就会周公去了。

一觉醒来的时候竟已是大年初一了。我心想，自己竟然这样过除夕夜，不禁自我解嘲："多谢残灯不嫌客，孤舟一夜许相依。"

谁知后来这件事被大伙儿知道了，乡亲们好像都挺感动的，不久就在我停船夜宿的地方建了一个亭子，起名"野宿亭"，亭上的对联就用了我那句自嘲诗。

而我在常州停船的地方，后来也被称为"东坡古渡"，有机会你们不妨也去看看。

不过你要是真到了常州，想了解我在那里的所作所为，这些地方也只是冰山一角。他们后来还专门以"舣舟"为主题，扩建成了偌大的"东坡公园"，占地颇大(43000平方米)，在园内建起了野宿亭、舣舟亭、东坡像、洗砚池、观苏堤、仰苏阁、楚宋亭、怀苏庭、三苏苑、东坡雪堂等二十多个景点。

就连后来的康熙、乾隆两位皇帝都很崇拜我。康熙在常州题了"坡仙遗范",他孙子乾隆不甘落后,也题了"玉局风流"。

乾隆那小子曾四次到常州,还说什么:苏轼在哪里靠岸下船,我也要在哪里靠岸下船。所以我那"东坡古渡"另一边又新增几个字:御码头。

他非要跟着我的足迹走,还说"坡留我则往",也想沾点儿我的灵气,还写了三块碑文,歌颂、怀念我。呵呵,乾隆这小子可真算得上是我的"铁杆粉丝"了。

这些以我名字命名的地方,都会有我的小故事,这里就不详细讲给你们听了,别忘了有空亲自去看看!

常州东坡古渡

行歌野哭两堪悲,远火低星渐向微。
病眼不眠非守岁,乡音无伴苦思归。
重衾脚冷知霜重,新沐头轻感发稀。
多谢残灯不嫌客,孤舟一夜许相依。

南来三见岁云徂,直恐终身走道涂。

老去怕看新历日,退归拟学旧桃符。

烟花已作青春意,霜雪偏寻病客须。

但把穷愁博长健,不辞最后饮屠苏。

——苏轼《除夜野宿常州城外二首》

常州东坡古渡,位于今东坡公园(东坡园)内。

东坡公园始建于 1954 年,由舣舟亭扩建而成,位于常州红梅公园东南侧,古运河边,现为国家 4A 级旅游景区。景区由一个三面环水的半岛和古运河中的半月岛组成,二岛间由明正德十二年(1517)所建古桥相连,此桥是 1985 年迁建而来。

舣舟亭位于园内南山顶,南宋始建。"舣舟"意为"系舟""停船"。宋神宗熙宁六年(1073),苏轼路过常州时曾在此地系舟野宿。1984 年重建的舣舟亭,位于园中最高处,四角双檐飞甍九脊,亭顶有二龙戏珠、苍松仙鹤、神龙游鱼等图案。石柱上有两副对联,分别为:"二月江南好风景,故人此日共清明""舣舟亭畔喜留东坡居士,洗砚池边曾驻西蜀诗人"。

舣舟亭南古运河旁,还有一座"竹亭",最早是以竹子为材料建成,是当年苏轼上下船的码头。

巨星陨落

终于在常州住下了,可是我的身体却越来越不争气,毕竟此时我已是六十六岁高龄了。人生七十古来稀,诚不我欺也!

那是徽宗建中靖国元年(1101)的七月二十八日,久雨之后转晴,天气晴朗至极,阳光很好,我如此喜欢游览的性格,怎么能躺在屋里、卧床不起呢?

可是无奈病情越来越严重,想起来走几步也是天方夜谭了! 我躺在床上,总感觉灵魂已经飘起来了一样,好想出去看阳光,仿佛看见我的阿弗、我的闰之、我的朝云,还有好多人在那绚烂的阳光下嬉闹起舞。

我感觉自己已经起来了,想出去,却看到家里的人都围在我的床边,哭个不停。我听着都心烦,只好又回来安慰他们:"别哭了,我死了也不要哭啊……"

可他们还是哭个不停,我只好又说:"别哭了,我生前又没有干过坏事,死后也不会下地狱的。"

结果,他们看我还清醒,便问我后世在哪里。

　　这种机密问题怎么能随便说,天机不可泄漏! 何况我还不知道呢,知道也不会说的!

　　我赶忙装作没听见,摆脱躯体的束缚,奔向我的阿弗、我的闰之、我的朝云……

　　管不得身后哭声一片了。

　　于是他们宣布:一代巨星仙逝了。

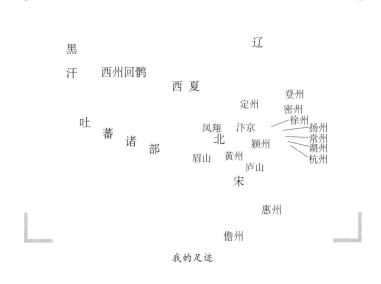

我的足迹

　　我逝世的消息一传出,常州的父老乡亲都悲痛万分,"相哭于市"。他们纷纷涌来与我的遗体作最后一别,并自

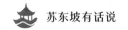
发关门三天来悼念我。

京城的学子、高官、教授们也自发集会，以此悼念我，为失去我而哭泣、痛惜！

当时纪念、哀悼我的文章真可车载，可最言简意赅，让我比较满意的还是学生李方叔的文章：

> 道大不容，才高为累。皇天后土，鉴平生忠义之心；名山大川，还千古英灵之气。

看着他们为我这么伤心，我还真是心有不忍，便想去和玉皇大帝商量：能不能让我再回去多待几年。谁知到了天庭，还没等我开口，那玉帝便拉着我不放，让我给他的大殿题诗，一座接着一座，没完没了。

等我回过神来看人间的时候，才想起"天上一日，人间十年"，老弟子由已按我生前的嘱咐，从千里之外把我的棺材运到了河南，安葬在郏县具有"小峨眉"之称的茨芭镇苏坟村了。

还阳之事只好作罢，后来听那大嘴巴的天蓬元帅说漏了嘴：那天是玉帝老儿故意拖延的，还说什么一定把我留在身边当文秘。

罢罢罢，是金子到哪里都掩饰不了耀眼的光芒，就这样吧！

第九章

我的趣闻逸事

和 尚 转 世

人到底有没有前世？——我相信是有的！

人怎样才能知道自己的前世呢？——我是梦到的，而且很多人也帮我梦到了。好像并不是所有人都能像我这样幸运，可以知道前世噢！

怎么梦的呢？

只记得那是元丰七年(1084)四月，我有事要去筠州(今江西高安)。临行前，我派人送信给云庵和尚，让他准备接我的大驾。刚好当时我的老弟子由也在那里，我更是迫不及待地想见到他们。

那天我快到建山寺的时候，很远就看见三个人在路边手舞足蹈，兴奋异常地大笑着说什么，我心想，哪里来的一群疯子，在大路边上胡闹！

谁知其中一人扭头看到我，马上扯着另外两人向我冲来。我急忙转身想溜，却听到后面喊道："东坡！东坡！"

我仔细一看,原来是那个云庵和尚和圣寿寺的聪和尚,还有我那可亲可爱的老弟子由。我正想责问他们怎么如此不注重言行仪表,可没等我开口,他们便七嘴八舌地向我喊起来。

喊了半天,我一句也没听懂,只好大喊一声:"停!一个一个地说,云庵你先说!"

本以为他又要和我理论一番,谁知他却没表示抗议就开始嚷嚷:"我做梦了!梦还是真的!"

我刚想骂他,做个梦也值得这么兴奋?

谁知他来了一句:"你前世也是个和尚!"

我仰天大笑:"想报复我也不必用这么幼稚的方式吧,哈哈……"

哪知子由和聪和尚也在一边帮腔:"真的!是真的!"

"何以见得?"

"就在收到你的信之前的那天,我梦见自己与子由、聪和尚一起出城迎接五戒和尚,我醒来后感到很奇怪,于是将梦告诉了子由,谁知子由也做了同样的梦……"云庵和尚抢着说道。

我听了很吃惊,还没来得及开口,聪和尚就接着说:"我当时来得晚,正想告诉他们我也做了个奇怪的梦,梦见我们三人一起去迎接五戒和尚。之后才知道我们三人做了同样的梦!结果,接着就收到了你的书信,让我们来接你。"

我拍手大笑道："世上果真有三人做同样梦的事,真是奇怪啊!"

"你没有做过梦吗?"他们三人齐声问道。

废话,我当然做过梦,只是没有这么蹊跷。

听他们说起梦见和尚之事,我倒想起一件小时候的事,便告诉他们："我八九岁时,曾几次梦到我的前世是位僧人,居住于陕右;还有,我的母亲刚怀孕时,也曾梦到一位僧人来托宿,僧人风姿挺秀,一只眼睛失明。"

云庵和尚惊呼道："五戒和尚就是陕右人,一只眼睛失明!晚年时曾游历高安,在大愚过世。"

大家一算,此事过去四十九年了,而我现年正好四十九岁。从时间、地点和多人做相同的梦来看,我是五戒和尚转世。

这五戒和尚又是什么人呢?据说他一目失明,还有一位叫明悟的师兄,五戒因一念之差,同女子红莲有了非分之事,犯了戒,结果事情被已经有神通的明悟和尚看破,五戒羞愧难当,便坐化投胎去了。明悟已经预见五戒下一世可能诽佛谤僧,那样可能就永无出头之日了,于是他也赶紧坐化,紧追五戒投胎而去。

到了这一世,五戒投胎成了我苏东坡,而明悟就是我的好友佛印和尚。

说实话,我刚开始时真的不信佛法,但佛印一直不离不弃地追随在我左右,对我苦心劝化点悟。反思自身的政治遭遇,加上佛印的不断劝化点悟,我终于醒悟,不但深信因果轮回之说,而且崇信佛法、潜心修炼。

从那以后,我再也不骂和尚了,还喜欢上了穿僧衣,这可能也是前世因缘所致。就连皇帝也对此事好奇,一次哲宗问内侍陈衍:"苏东坡朝服下面穿的是什么衣服?"陈衍说:"是僧衣。"哲宗还取笑我呢。

后来我写信给云庵和尚,说:"五戒和尚不怕人笑话,厚着脸皮又出来了,真是可笑!但既然是佛法机缘,我就痛加磨砺,希望将来可以回到原来的地方,就不胜荣幸了。"

后来可能是我的诚心打动了佛祖,竟然真的被我找到前世修行的地方。

那是我在杭州时,曾与朋友参寥一起到西湖边上的寿星寺游历。

参观完后,我有一种似曾相识的感觉,就对参寥说:"我平生从没有来过这里,但眼前所见好像都曾经亲身经历过似的,从这里到忏堂,应该有九十二级阶梯。"

参寥马上叫人去数,果真如我所说。

我明白了,我的前世肯定就是在这里修行的了,便对参寥解释道:"我前世是山中的僧人,曾经就在这所寺院中修行。"此后,我便经常到这所佛寺中盘桓小憩。

不相信吗?我有诗为证!

《南华寺》："我本修行人,三世积精炼。中间一念失,受此百年谴。"

《和张子野见寄三绝句·过旧游》："前生我已到杭州,到处长如到旧游。"

我是五戒和尚，黄庭坚是谁？

不要感觉我前世是和尚就很好笑了，知道黄庭坚前世是谁那才更好笑呢！

元祐初年，我与黄庭坚一起去拜见一位比较有名的老者。谁知老者一见面就说我的前世是五戒和尚，而黄庭坚的前世是一位女子。

我之前已经知道了，当然不说什么了，惊叹老者眼力的同时，我不禁笑出来：原来老黄前世是女人！

老黄听了连连摇头，接着大叫起来："不可能，不可能！"还说什么："我如此阳刚之人，怎么可能前世是个柔弱女子？"

看来他很难接受这一现实，可那老者却对他说："你到涪陵(今属重庆)时就会明白真相的。"

当时我也不太相信，涪陵是被贬官员才会去的地方，老黄比我会做官，当时官大位置高，根本不可能会去那里。但是后来的事实却验证了那位老者的话。没过多久,老黄果然被贬到了涪陵。

后来老黄告诉我,在涪陵时他三番五次梦见一位女子来托梦,告诉他前世之事。我本想取笑他春梦无限,谁知他却一本正经地说:"那女子自称经常诵念《法华经》,只愿来世变为男子,而且要变成一位名扬天下的男子。"

如此推理的话,应该说她的愿望实现了,老黄才华名扬天下,是盛极一时的"江西诗派"的开山之祖,追随和效法他的诗人颇多,几乎无人不知,无人不晓。此外,老黄还是著名书法家,与米芾、蔡襄和我并称"宋四家"。

可我还是有点不相信,后来老黄憋了好久才说那女子为了取信于他,还点出了他的一个秘密:一个不为人知的隐私。

原来这个大诗人、大词人、大书法家,居然有"腋气"!

"腋气"是什么? 狐臭呗! 有这样的毛病,说起来真有点难为情。

可照这女子的说法,老黄有此毛病是有因果的,前世的因,种下今日的果。那女子说:"我所葬之棺已朽,为蚁穴居于两腋之下,所以你有此苦。"

要想除去这毛病也不难。只要找到这位女子的墓,打开墓穴,除去蚁穴,那种难言之"隐"便可消除。

于是,老黄央求我帮他。一来,大家都知道我是老黄的

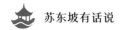

铁哥们儿,为他两肋插刀自然是分内之事;二来,我也实在好奇那女子说的是不是真的。没经过考虑,我便答应帮他。

我们俩费了九牛二虎之力,按那女子说的找到了她的墓,忍着恶心打开一看,竟果然有蚂蚁窝!就在我们清理完后,老黄的腋气竟然也"不药而除"了。

至此,我们才相信先前那位老者所说的话。

吟诗赴宴

我初出茅庐,就受到大文豪欧阳修的赏识,自然让很多人惊讶不已。人怕出名猪怕壮,这当然也引来不少嫉妒和不服。

我在京师时,就有六个自负的举人很看不起我,决定备下酒席请我赴宴,打算戏弄戏弄我,让我当众出丑。我接到邀请后欣然前往,世上还没有我害怕的人!

我到了一看,一张桌子六个菜,摆明了毫无善意,但我岂会怕他们?

入席之后尚未动筷子,其中一个举人便提议行酒令,酒令内容必须要引用历史人物和事件,这样才能独吃一盘菜,其余五人轰然叫好。我自然也不发表异议,看他们能有什么把戏。

"我先来,"年纪较长的一位说,"姜子牙渭水钓鱼!"说完捧走了一盘鱼。

"秦叔宝长安卖马!"第二位神气地端走了马肉。

"苏子卿贝湖牧羊!"第三位毫不示弱地拿走了羊肉。

"张翼德涿县卖肉!"第四个急吼吼地伸手把肉扒了过去。

"关云长荆州刮骨!"第五个迫不及待地抢走了骨头。

"诸葛亮隆中种菜!"第六个傲慢地端起了最后的一碟青菜。

菜就这样被全部分完了。六个举人兴高采烈,正准备边吃边嘲笑我,我却不慌不忙地吟道:"秦始皇并吞六国!"说完,把六盘菜全部端到自己面前,然后笑道:"诸位兄台请啊!"六位举人呆若木鸡。

我一边吃,一边看他们出丑,哈哈!想为难我?你们还太嫩点。

后来想起此事来,我觉得那时实在有点年轻气盛,俗话说,得饶人处且饶人嘛!

聪明反被聪明误

　　说起好玩的事,绝对少不了我的死党佛印和尚。

　　说起佛印,自从他稀里糊涂地当了和尚,却一直不守寺规,十足一个逍遥和尚;但研究起佛理来,他却是一本正经。一开始我总是不服气,经常想戏弄戏弄他。

　　那天,我去金山寺找佛印,一进门便看到他正在打坐。我故意想逗他,便没打扰他,就在他的对面静静地坐了下来,也学他打坐。我的前世是和尚,这可难不倒我。

　　过了约一炷香的时间,我们同时张开眼睛,结束打坐。刚打完坐,我觉得浑身舒畅,满心欢喜,一种得道成仙的感觉油然而生,就故意问佛印:"你看我现在像什么?"

　　佛印看了看我,说:"我看阁下像一尊佛。"

　　一听正中我怀,心中大乐。佛印接着问我:"那阁下看我像什么呢?"

　　我心想:平常老是被你占便宜,今儿个可让我逮到机会

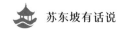

了,也换我来占占你的便宜! 于是我回答道:"我看你像一堆大便。"

我想佛印肯定被气得够呛,但我失望了,他微微一笑,便又继续打坐。

我占了佛印的便宜,越想越乐,赶紧回家,迫不及待地拿此事向小妹炫耀:佛印被我算计了。

小妹听完之后,吃惊地看着我说:"哥,你被佛印占便宜了,你知道吗?"

我不解地问道:"为什么? 他看我像尊佛,我看他像堆大便,怎么会是我被占便宜呢?"

小妹解释道:"佛书上说,心中有佛,则观万物皆是佛。佛印因为心中有佛,所以他看你像尊佛。那敢问大哥你,当时你的心中到底装了什么? 你自己好好想想吧!"

我一时无语,连连后悔。我竟也有马失前蹄的时候,以后见了佛印再也不敢掉以轻心了。

与佛印的小较量

　　佛印这家伙道行越来越深,后来成为公认的得道高僧,还经常到各个寺庙做个巡回演讲什么的,俨然一位大名人。就连他身边的小沙弥也"近墨者黑",变得油嘴滑舌了。

　　那天我闲来无事,便去金山寺找佛印和尚,没料到佛印不在,一个小沙弥来开门。

　　我傲声问道:"秃驴何在?"

　　谁知那小沙弥淡淡地一指远方,答道:"东坡吃草!"

　　弄得我大大的没面子,再也不敢小瞧那小家伙。

　　佛印知道后大笑,还不断地数落我。哼,我也不是那么好惹的,我要报这一箭之仇!

　　那天,我和佛印乘船游览西湖,佛印突然拿出一把上面有我题诗的扇子,扔到河里,还大声说道:"水流东坡诗(尸)!"

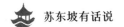

  我听完,当时愣了一下,但很快笑着指着河岸上一条正在啃骨头的狗,吟道:"狗啃河上(和尚)骨!"

  哈哈,轻敌者必输!

由一屁引发的争议

虽说上次占了点小便宜,但我没想到佛印这家伙的道行已经远胜于我,想来也是"轻敌乃兵家之大忌",切记!切记!

那次是我在黄州时,有一天,我诗兴来了,便作了一首赞佛的诗:

> 稽首天中天,毫光照大千。
>
> 八风吹不动,端坐紫金莲。

"稽首",是顶礼膜拜的意思;"天中天",是说天是人所尊敬的,而佛陀更为天所尊敬,所以佛陀被称为"天中之天"。

"毫光照大千",是说佛陀慈悲道德的光芒,遍照于大千世界。

"八风",是称、讥、毁、誉、利、衰、苦、乐,《大智度论》就说八风能鼓动物情。这八种"风"是人生成败得失的根源。称颂赞美,名誉利禄,跟各种快乐的享受,谁都会陶醉其中,普通人每逢这些顺境乐事,都会感到飘飘然。而遇讥嘲诋毁,则怒形于色,逢逆缘苦境,则忧戚于心,也是人之常情。然而有一个人居然"八风"都吹不动他,这人是谁? 当然是佛陀。

"端坐紫金莲",是说佛陀诸惑已尽,众德圆备,故能不被外境所摇动,庄严而安稳地坐在莲花台上。

这首诗是在赞佛,同时也在暗喻自己达到超然的境界,能跟佛陀一样。

写好后,我反复吟哦,觉得非常满意,并自认为这是一首意境很高的诗,不是对佛法有相当的造诣,绝对写不出这样的好诗。

和谁分享呢? 我第一时间想到了与我隔江而住的佛印。我想佛印如果看到这首诗,一定会大大地赞赏一番,甚至会拍案叫绝。

于是,我立刻把诗抄在诗笺上,用信封封好,叫用人给佛印送去。

自用人去后,我便沾沾自喜地等待着佳讯传来。

用人回来了,我迫不及待地问:"师父看了怎么说?"

用人说:"他没说什么,只在你的诗笺上写了几个字,叫我拿回来,我没看写了些什么。"说着,便把那封回信交给我。

我满怀喜悦打开信封,抽出诗笺,只看到诗的下端批着"放屁"两个大字。我马上火冒三丈,勃然大怒起来!连喊:"岂有此理!岂有此理!"

八风吹不动的我

我又仔细地推敲自己的诗,怎么也找不出毛病在哪儿,心想:肯定是那秃驴戏弄我,可拿佛祖开玩笑就是你的不对了。

我越想越气,决定马上雇船过江,亲自去跟佛印理论。

我气急败坏地到了寺庙,气呼呼地要找佛印算账。哪知佛印早已吩咐知客僧说今天不见客。

我听了,更加上火,看来早算准我会来找他了!我忍无可忍,不管三七二十一,三步并作两步地直奔佛印的方丈室。

我看见方丈室的门掩着,正要抬脚踹门而入时,忽然发现门扉上贴着一张字条,端正地写着两句诗:

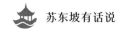

八风吹不动,一屁过江来。

看到这两句诗,我立刻就明白了,心里暗暗叫道:"我又错了!"

佛印的这句话是警告我:你说能够不为种种称讥毁誉所动,为什么竟被那区区"放屁"两个字搞得无明火起,过江来和我理论呢?

这时我才感到深深的惭愧,自叹一向对于佛法只求理解,缺少了真修实行,所以面临毁誉时,竟与常人无异。研究佛学理论而不去实践,真是"不行"!

从此,我深深地感激佛印给我的启示,我觉得有这样一位诤友,实在是人生的大幸!我对佛印,更加心悦诚服了。

求人不如求己

做任何事都要靠自己。求仙问道,不如踏实做事,我的一生就是这样做的,不过这个道理却是佛印那家伙参透的。

佛印自从出了家,他那点聪明才智全用在研究佛法上了,你还别说,现在也张口闭口满是精辟之理了。所以说,做任何事就怕你专一,我也不得不佩服那小子的精诚了。

那次,我们俩在杭州游玩,谈诗论道,心情舒畅。我们走到一地,忽然看见一座峻峭的山峰出现在视野之内,我便故意问佛印:"这是什么山?"

佛印说:"这是飞来峰。"

我又找茬:"既然飞来了,为何不飞去?"

佛印说:"一动不如一静。"

我又问:"为什么要静呢?"

佛印说:"既来之,则安之。"

我想起自己颠沛的仕途,只能无语:是啊,一动不如一

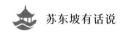

静,以静制动,可我没有认真执行,否则也不会一生颠沛流离、苦不堪言了。

后来我们又到了天竺寺,我看到寺内供奉的观音菩萨手里拿着念珠,就问佛印:"观音菩萨自己就是佛,为什么还拿念珠,这是为什么?"

佛印说:"拿着念珠也不过是为了念佛号。"

我又问:"她也念佛号?念什么佛号?"

佛印说:"不过是观世音菩萨的佛号。"

我还是不明白,就继续问:"她自己就是观音,为什么还要念自己的佛号呢?"

佛印回答道:"那是因为求人不如求己呀!"

这时我才恍然大悟!如果我不把人生理想、政治抱负寄托在朝令夕改的皇帝身上,就不会屡遭贬谪了。

只有保持宁静平和的心境,人才会生出更清澈、更深邃的智慧,不至于因生活的奔波而在红尘里渐渐迷失。

如何才能求得宁静平和的心境呢?

答案是"求人不如求己"。我们求人的地方愈少,依赖人的地方就愈少,我们就更能看清人间世相,维持一种平静欢喜的心情。

新三人行

自从我和老黄、佛印三人相互认识之后,实在是臭味相投、相见恨晚,一起诗词唱和、游山玩水、喝酒游乐都成了家常便饭。

但我们三个人的性格截然不同,老黄还好,佛印这家伙我却不得不好好说说他。刚才也说了,佛印这家伙虽然对佛理研究得蛮透彻的,但对佛门戒律一概不遵守。每次我设宴请客,他都不请自来,而且好吃懒做,躲都躲不掉。

我便和老黄商量单独行动一回,撇开佛印。

那时我们住在金山寺中,有一天,听说佛印不在,我们便商量偷偷做面饼吃,并商量好,谁都不告诉佛印和尚。

我们偷偷跑到厨房里,便兴致勃勃地开始忙活,不一会儿,饼就熟了。我们算好数目,先把饼献到观音菩萨座前,殷勤下拜,祷告一番:

观世音菩萨,有饼先敬您,有事保佑我!

我们拜完后,起身看时,却发现少了两块饼,不由得大吃一惊:难道真被菩萨笑纳了? 便又跪下祷告说:"观音菩萨如此神通,吃了两块饼,为何不出来见面?"

不料,却听到佛印在神帐中答道:"我如果有面,就与你们合伙做几块吃吃,岂敢空来打扰?"

原来佛印这家伙藏在神帐中不知干什么勾当,刚好碰到我们在这里做饼,便趁我们下跪祷告时,伸手偷了两块,还搞得我和老黄神经兮兮的,被他耍了一通。

后来我和老黄实在不甘心,便又策划下一次单独行动。

有一天晚上月色很好,我和老黄便决定去夜游西湖,还特别准备了许多酒菜。我们故意躲开佛印,没有声张,悄悄地上了船。

等船离了岸,佛印想上也上不来时,我便大笑着对老黄说:"每次聚会,佛印总是不请自来,大吃大喝,今晚我们总算躲开了他,到湖中喝酒吟诗,玩个痛快去!"

船悠悠荡荡地来到了湖中,我们兴致正浓,我就提议道:"佛印不来,我们清静多了,如此良辰美景,我们来行酒令,如何?"

"好!"老黄回答说。

我说:"这回的酒令定个规矩,要说四句,前两句要写眼前景,后两句要用经书上的话,韵脚前两句用'开''来',后两句要用'哉'字结束。"

"好!"老黄还是这样回答。

我先来,干了一杯酒,吟道:"浮云拨开,明月出来,天何言哉?天何言哉?"

老黄望着满湖的莲萍,接着行令道:"莲萍拨开,游鱼出来,得其所哉! 得其所哉!"

"好!"我们二人相视大笑。

笑声未落,只听脚底下传来一股瓮声瓮气的声音:"船舱拨开,佛印出来,闷煞人哉! 闷煞人哉!"

声音未落,就见有人推开船板跳了出来。我大吃一惊,还以为是坏人,仔细一看,确实是佛印和尚,又听得他行的酒令,忍不住哈哈大笑。

原来,佛印那家伙事先得到消息,早一步上了我们二人所租的游船,躲进船舱板底。等我们行酒令时,他在下面藏着,闻着酒饭的香味时再也忍不住,推开船板跳了上来。我和老黄却不知,又被他结结实实耍了一回。

我只得走过去拉佛印一起喝酒,说道:"你藏得好,酒令也行得妙,想不到到了湖上还是躲不开你。好吧,一起喝酒!"

他当然不会客气,我们三人便一起游湖赏月,吟诗喝酒。尤其是佛印,又逮到机会可以大快朵颐一番!

一字三解

说了这么久,好像在这里还没好好说说我小妹,那就说说她吧!

自从我小妹出嫁以后,亲戚里就多了一位大才子秦少游。那天,我到妹妹家走亲戚,刚好两人都在家,秦少游这位当妹夫的自然是要好好招待我,便举办了个丰盛的酒席。

宴会上我们举杯祝酒,酒美菜佳,心情当然好得很。少游便顺口吟出一则字谜:"我有一物生得巧,半边鳞甲半边毛,半边离水难活命,半边入水命难保。"

我一听就知,不慌不忙地微笑着说:"我有一物两边旁,一边好吃一边香,一边上山吃青草,一边入海把身藏。"

小妹是何许人也?当然巾帼不让须眉。文思敏捷的她脱口而出:"我有一物生得奇,半身生双翅,半身长四蹄。长蹄跑不快,长翅飞不起。"

我们三人说的是同一字,你猜到了吗?

300

鲜!

看到他们小两口如此珠联璧合,我这个当哥哥的高兴得很,那天还特意给他们留了很多墨宝祝福他们。

要知道,一般人我是不给的,他们既然不缺物质,那在精神上一定要多支持!

三人对必有我师

大家都知道我小妹的性格,有热闹的事,只要被她知道,总会来搅一搅。在我和佛印、老黄一起逍遥自在的日子里,自然也少不了小妹的搅和。不过说实话,小妹的参与只会让我们斗诗斗词更加激烈,也更加开心。

有一次,我与小妹、老黄一起赏画,见上面的题联很有趣:

轻风□细柳

淡月□梅花

看起来是四字联,中间却各空一字,小妹便建议为中间加上一字,成为五言联句。

老黄自然想出风头,直接抢对道:

轻风舞细柳

　　　　　　淡月隐梅花

小妹微微一笑,道:

　　　　　轻风摇细柳

　　　　　　淡月映梅花

我略一思索,立即响应:

　　　　　轻风扶细柳

　　　　　　淡月失梅花

呵呵,不需我说,大家也能看出谁的最好。

纵观三人的对联,"扶"字不仅写出风的轻柔和柳的纤弱,而且写出了风与柳的亲昵之态,因而更形象生动;"失"字也较"隐"字贴切,既强调了月光的皎,又兼顾梅花的洁,突出了两者融为一色的景象。

不过我却是考虑时间最长的,三人行,必有我师焉,人非虚心,不能进步也!

有才是可以的，骄傲是不可以的

　　还有一人也是不得不提的，虽然我年轻时与此人纠葛不断，还屡屡被此人欺压，但我现在却对此人的学问心悦诚服。

　　大家猜到了吧？他就是与我为敌、文采却与我有一拼，在宋朝也就那么独苗一棵的"拗相公"王安石。

　　在明代冯梦龙编的《警世通言》中，有一篇叫《王安石三难苏学士》，其中写的就是王安石为难我的几个小故事，我就选择其中的一个讲给大家听吧。

　　后人把我和王安石都列入"唐宋八大家"，"拗相公"确实是宋朝的大才子，我们还同朝为官。只不过他占了比我早出生的好处，我官拜翰林学士时，他已经做宰相了，可以说是我的顶头上司。

　　俗话说得好：人在屋檐下，不得不低头。其实王安石很欣赏我的才华,对我十分器重,但当时的我年轻气盛,自恃聪明,看不惯他有时的自作聪明,常常讥诮他,与他唱对台戏。

于是,他记恨我轻视他,将我贬到湖州。

公报私仇!

我从湖州回到京城,想到当初因为得罪了王安石才遭贬,这次我学乖了一点,一回到京师,就决定先去拜访"拗相公",修好关系要紧,还要在他手下干活混饭吃呢。

于是,我直接骑马去王丞相府。我来到相府时,王安石正在睡午觉,我就被管家引到书房用茶等候。

官架好大!

管家走后,我一人在书房,看见四壁书橱都有锁把关,书桌上只有笔砚,实在没什么好玩的。我无聊至极,便随手打开砚匣,看到一方绿色端砚,特别有神采,心想,这老头的宝贝可真多。

砚池内余墨未干,我刚想盖上,突然看见砚匣下露出一片纸角儿。我好奇心大发,便小心地取出来看,原来是两句未完的诗,是王丞相写的《咏菊》:

西风昨夜过园林,吹落黄花满地金。

我暗自偷笑,这首诗只写两句,就写不下去了,看来已是江郎才尽啊！而且这两句诗也是胡说八道,一年四季,风各有名:春天为和风,夏天为熏风,秋天为金风,冬天为朔风。这诗首句说西风,西方属金,金风行秋令也。那金风一起,梧叶飘黄,群芳零落。第二句说的黄花即菊花,此花开于深秋,其性属火,敢与秋霜鏖战,最能耐久,即便焦干枯烂,也不会落瓣,说什么"吹落黄花满地金",岂不荒天下之大谬?

我便又犯了老毛病,看到不顺眼的总想指出来,便依韵续了两句:

秋花不比春花落,说与诗人仔细吟。

写完后,我心想:倘若"拗相公"睡醒了来书房,见了这诗,当着面多不好看。原想自己带走,又怕连累管家。想了半天,我实在没什么好办法,只得仍将诗稿叠起来,压在砚匣之下,便走出了书房。

我走到大门口对管家说:"老太师出来,请禀报一声,说苏某在此等候多时,因有事先走,容改日再来谒见。"说完,我便骑马匆匆离开了。

且说"拗相公"午睡醒来,走进书房,想完成诗稿,没想到被人续好。仔细一看,认出是我的笔迹,马上叫来下人询问,才知道我果然来过。

后来我想他当时一定认为："苏轼这个小子,虽然贬了他几次,看来轻薄之性仍然难改。自己无知,还敢随便改我的诗?看我不把他贬到黄州让他看个究竟!也好叫他长长见识。"

第二天早朝,这王丞相便上奏天子："苏轼才力不及,让他到黄州做团练副使最好。"皇帝当时对"拗相公"是百依百顺,文武百官更是没必要为我这无名小卒得罪大宰相。

我心中当然不服:这老家伙,又因为我改诗的事公报私仇!

但最终胳膊拧不过大腿,我也只得谢恩从命。第二天,我便离京,匆匆赶往黄州。唉,我又一次在同一个地方摔倒,现在都有点习惯成自然了。

区区团练副使,实在没我发挥的余地,我就索性在黄州游山玩水,饮酒赋诗,军务民情,丝毫无涉。

时间在游玩中总是过得很快,我到黄州快一年了。

重九那天,天气晴朗,我突然想起来,定惠院长曾送我很多种菊花,栽到后园后一直都没去看,也不知道长成什么样了,真有他说得那么好吗?去看看吧!

正当我想去赏菊,恰好陈季常来找我,正愁没人陪我呢,我便拉他一起到后花园看菊。

谁知等我们走到菊花架下,只见满地铺金,枝上却一朵花都没有了。这一场景惊得我目瞪口呆,半晌无语。

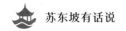

陈季常看我愣神,还笑我:"菊花落瓣有什么好奇怪的?你瞪着你那牛眼看嘛呢!"

我想起自己讥笑"拗相公"的诗,便解释道:"老弟有所不知啊,平常我见到的菊花焦干枯烂了也不会落瓣。去年我在王丞相府中,看到他《咏菊》诗中写:'西风昨夜过园林,吹落黄花满地金',我还以为是老太师写错了,特地续了两句:'秋花不比春花落,说与诗人仔细吟。'却不知黄州菊花果然落瓣!老丞相贬我至黄州,原来是让我看看菊花!"

陈季常笑道:"少见多怪了吧!"

我不由得感叹道:"当初小弟被贬,还以为是王丞相公报私仇。谁知他不错,我倒错了。唉,真是不经一事,不长一智啊!"

后来,我还为乱改菊花诗的事,专程到京向"拗相公"负荆请罪,认错道歉。也是打那以后,我再也不那么自以为是了,而是变得谦虚谨慎,不再轻易笑话别人了。

实在是"学无止境"啊!

我不得不告诉你：我的经典名联

作为中国著名的大文豪，关于我的对联故事也有很多，我就捡几件事和你说说吧！

有一天，我闲来无事，就和老黄在松树下下围棋。

忽然，有几颗松子掉落在棋盘上，我触景生情，信口念道：

松下围棋，松子每随棋子落

说来也巧，此刻对面湖边有一渔夫正在柳树下悠闲垂钓。老黄看到后，应声对出下联：

柳边垂钓，柳丝常伴钓丝悬

一"随"一"落"，一"伴"一"悬"，把松子、柳丝写活了，用的是拟人手法。上联写自己,下联写他人,联中有画,画中有诗,诗情画意,兴味盎然。

　　有一次,我奉命接待辽邦派来的使者。辽使有意要为难我,便对我说:"苏学士乃中原名士,在下有一非常简单的上联,只有五个字,请苏学士来对下联吧!"

　　说罢,辽使得意地念道:

三光日月星

　　我一听,倒也吓了一跳,要对出这副对联可不简单。因为联语中的数量词,一定要用数量词来对,上联用了个"三"字,下联就应当用"三"以外的其他数目字,而"三光"之下只有三个字,那么,无论你用哪个数目字来对,下面跟的字数,不是多于三,就是少于三。

　　这是副绝对呀!好在他的对手是我苏东坡!

　　我略一思索,就在《诗经》中找到了答案,立即对道:

四诗风雅颂

　　这下联以"四"对"三",十分妥帖。但如果"四"以下,跟着要提出四个字,那就不能跟"日月星"相对。妙就妙在我

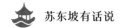

苏东坡有话说

提出的"四诗",只有"风、雅、颂"三个名称。

原来,《诗经》中的"雅"这一部分,又可分"大雅"和"小雅",所以通称为"四诗"。

辽使听了,不禁连连点头称道,对我佩服得不得了。

某年中秋之夜,我与小妹在花园饮酒赏月。下酒菜中有一碟切开的咸鸭蛋,小妹便指着咸蛋出了一上联,要我来对下联:

剖开舟两叶,内藏黄金白玉

此联用词形象典雅,有一定难度。因一时无恰当物品可对,我一时为难。

此时正巧侍女端来一盘石榴,我剥开一个,下联自然而得:

打破罐一只,中藏玛瑙珍珠

我们兄妹二人正在谈笑间,一位侍女在一旁手持一支玉笛,吹奏乐曲助兴。于是,我出了一上联,要小妹来对下联:

312

"水仙子"持"碧玉簪",风前吹出"声声慢"

我的话声未落,另一位侍女怕打扰我们兄妹的雅兴,迈着细碎的小步拿来一件夹衣,给小妹披上,小妹灵机一动,对出下联:

"虞美人"穿"红绣鞋",月下引来"步步娇"

我们兄妹二人用拟人手法,各嵌入三个词牌名,手法精妙,风格典雅。

有一次,我与秦少游同乘一船渡河,我忽见岸上有一个醉汉,骑着驴,东倒西歪,不禁出对戏道:

醉汉骑驴,步步颠头算酒账

少游一时对不上,忽见船尾艄公,摇着橹一仰一俯的样子,于是对出了下联:

艄公摇橹,深深作揖讨船钱

老艄公听了,也大笑不已。

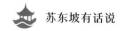

我被贬到黄州做团练副使时,借助讲学以排遣心头郁闷,慕名而来者络绎不绝,黄州简直成了学子文士的荟萃之地,于是我的名声日响。

不知怎的此事惊动了朝廷,便派来一名考官,名为巡视讲学,实为查看动静。

这位考官经过一番密访,没发现我有什么越轨之处,但他并不甘心,想方设法要把我的名声压下去。

一天清早,他对我说:"苏大人名扬四海,想必高足也是满腹文章,我要见识见识,请找几名前来面试。"

我即刻挑了几名学生来见考官。考官与我并肩坐在台上,学生一字横坐在台下,周围站满了看热闹的人。

考官一心想要当众出我的丑,他清了清嗓子,说道:"今天不考别的,只要你们对一副对子。我出上联,你们对下联。"于是,他指着外面的宝塔说:

宝塔尖尖,七层四面八方

这些学生本以为要考四书五经、诗词歌赋,没想到要对对子,完全没做思想准备,十分紧张。越紧张越不会,越不会越感到对不起老师,一个个大汗淋漓,满面羞惭。

考官见状,大为得意,指着第一个学生问:"你会对吗?"

那个学生不好意思开口,低着头,伸出手摇了两摇。考官又指着第二个学生问:"你呢?"

那个学生也同样把手摇了两摇。考官一直问到最后一个,结果都一样。这时他再也掩饰不住幸灾乐祸的心情,瞪着驴眼直视着我,带着嘲笑的口吻说:"苏大人,这……"

还没等他说完,我忙说:"这样简单的试题,如何能考住他们?"

"那怎么他们都对不出来呢?"

"他们都对出来了。"

"他们明明摇手表示不会对,你怎么知道他们都对出来了?"

"考官大人,你把他们召在一起面试,给他们带来了不便,前面会对的又不能说,否则后面就会一一因袭,所以他们只有打手势,其实这手势就是他们对的下联。"

"苏大人,我倒要请教,这手势怎么就是下联呢?"

"考官大人,你的上联是:宝塔尖尖,七层四面八方。他们对的下联是:玉手摇摇,五指三长两短。"

这时台下的学生如释重负,无不露出了笑容,周围的人更是赞叹不已,而考官却目瞪口呆,无言以对,只好自我解嘲地说:"苏大人果真名不虚传,佩服佩服!"

和我斗?哈哈,你还欠火候。

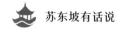

一日,我与佛印相聚,开怀畅饮。这天正值漫天大雪过后,我们喝完酒,便一同到黄州郊外踏雪赏梅。

来到梅园,一片白雪皑皑,分不出哪是梅花哪是雪。佛印触景生情,随口吟出:

雪里白梅,雪映白梅梅映雪

我由于贪饮几杯,已昏昏欲睡,欲对无言。一阵寒风吹来,我神志稍醒,不想败在佛印之下。目视前方,我看见一丛竹子正在随风摇摆,立即对道:

风中绿竹,风翻绿竹竹翻风

佛印的上联雪与白梅三次出现,回环往复;而我的下联以风和绿竹相对,也三次出现,对得十分工巧,意境也很谐调。

一次,我与两位朋友去九江赶考,因遇发大水,耽搁时日,迟到了。考官禁不住软磨硬泡,便出一上联刁难我们,说,如果对得出下联就让我们进考场,他的上联是:

一叶小舟,载着二三个考生,走了四五六日水路,

七颠八倒到九江,十分来迟

我沉思片刻,便对出了下联:

十年寒窗,读了九八卷诗书,赶过七六五个考场,四番三往到二门,一定要进

考官无语……

关于我的故事还有很多很多,再讲三天三夜也讲不完,下次有机会再为各位讲述吧!

我对人生的思考,主要体现在以下这几首诗词里面。

浣溪沙

游蕲水清泉寺,寺临兰溪,溪水西流。

山下兰芽短浸溪,松间沙路净无泥。萧萧暮雨子规啼。　　谁道人生无再少?门前流水尚能西!休将白发唱黄鸡。

定风波

三月七日,沙湖道中遇雨,雨具先去,同行皆狼狈,

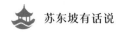

余独不觉。已而遂晴,故作此词。

莫听穿林打叶声,何妨吟啸且徐行。竹杖芒鞋轻胜马,谁怕?一蓑烟雨任平生。　　料峭春风吹酒醒,微冷,山头斜照却相迎。回首向来萧瑟处,归去,也无风雨也无晴。

和子由渑池怀旧

人生到处知何似,应似飞鸿踏雪泥。

泥上偶然留指爪,鸿飞那复计东西。

老僧已死成新塔,坏壁无由见旧题。

往日崎岖还记否,路长人困蹇驴嘶。

自题金山画像

心似已灰之木,身如不系之舟。

问汝平生功业,黄州惠州儋州。

附录

苏东坡大事年表

年号	公元	年龄	大事记
北宋仁宗景祐三年	1037	一岁	农历十二月十九日(1037年1月8日)苏轼诞生
仁宗宝元二年	1039	四岁	二月弟弟苏辙诞生
仁宗至和元年	1054	十九岁	娶第一位妻子王弗
仁宗嘉祐元年	1056	二十一岁	父子三人进京赶考
仁宗嘉祐二年	1057	二十二岁	中进士;四月,母亲去世,回乡守孝
仁宗嘉祐四年	1059	二十四岁	全家迁往京城
仁宗嘉祐六年	1061	二十六岁	出任陕西凤翔府节度签判
英宗治平二年	1065	三十岁	返回京城,任直史馆;五月,妻子王弗去世,年二十七
英宗治平三年	1066	三十一岁	父亲苏洵病逝,扶丧归蜀,守孝
神宗熙宁元年	1068	三十三岁	十月续娶王闰之
神宗熙宁二年	1069	三十四岁	还京,任殿中丞直史馆判官告院
神宗熙宁四年	1071	三十六岁	离京赴杭州,任通判

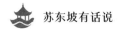

（续表）

年号	公元	年龄	大事记
神宗熙宁七年	1074	三十九岁	九月离杭赴任密州
神宗熙宁十年	1077	四十二岁	改知徐州
神宗元丰二年	1079	四十四岁	三月改知湖州，七月因"乌台诗案"被捕
神宗元丰三年	1080	四十五岁	贬谪黄州
神宗元丰七年	1084	四十九岁	赴汝州，后上表请居常州
神宗元丰八年	1085	五十岁	知登州，后回京升起居舍人
哲宗元祐元年	1086	五十一岁	升翰林学士、知制诰
哲宗元祐四年	1089	五十四岁	三月，以龙图阁学士充浙西路兵马钤辖知杭州军州事
哲宗元祐五年	1090	五十五岁	任杭州知州，疏浚西湖
哲宗元祐七年至绍圣元年	1092—1094	五十七岁至五十九岁	两年阅三州，妻子王闰之于元祐八年(1093)病逝
哲宗绍圣元年	1094	五十九岁	谪居惠州
哲宗绍圣三年	1096	六十一岁	七月侍妾王朝云病逝于惠州
哲宗绍圣五年元符元年	1098	六十三岁	谪居海南儋州
哲宗元符三年	1100	六十五岁	奉诏北还
徽宗建中靖国元年	1101	六十六岁	往常州，七月二十八日卒于常州